扑克牌算 24 点游戏技巧

从入门到精通

薛林 编著

化学工业出版社

·北京·

图书在版编目（CIP）数据

扑克牌算24点游戏技巧——从入门到精通/薛林编著. —北京：化学工业出版社，2016.2（2025.1重印）
ISBN 978-7-122-25961-5

Ⅰ.①扑… Ⅱ.①薛… Ⅲ.①扑克-游戏-基本知识 Ⅳ.①G892

中国版本图书馆CIP数据核字（2015）第303124号

责任编辑：刘心怡	装帧设计：尹琳琳
责任校对：蒋 宇	

出版发行：化学工业出版社（北京市东城区青年湖南街13号 邮政编码100011）
印　　装：大厂回族自治县聚鑫印刷有限责任公司
710mm×1000mm　1/32　印张 $4\frac{1}{4}$　字数70千字　2025年1月北京第1版第13次印刷

购书咨询：010-64518888　　　　　　　　售后服务：010-64518899
网　　址：http://www.cip.com.cn
凡购买本书，如有缺损质量问题，本社销售中心负责调换。

定　价：15.00元　　　　　　　　　　　　　　版权所有　违者必究

前言

算 24 点是一种扑克牌游戏。一副扑克牌去掉大小王，从中任意抽取四张，用加、减、乘、除法把牌点数算成 24。

算 24 点能提高心算能力，是益智健脑的理想活动，随时随地都能玩；作为竞争游戏，又有很强的趣味性，需要游戏者同时具备眼快——看清牌点、脑快——找到解法、手快——发出算出来的信号，才能赢得竞争。

小学生、中学生做这个游戏，可以锻炼计算能力和注意力，寓教于乐，在快乐的游戏过程中学好数学。

老年朋友玩这个游戏，可以活动大脑，保持反应能力。

家人、朋友一起玩，能为团聚增加乐趣。

单位、学校组织算 24 点竞赛，能丰富文体活动。

在休闲时间里一个人玩算 24 点，可以品味数学的妙趣。

　　算 24 点看上去简单，只要会最简单的计算方法就能参与。要是多掌握一些技巧，你会体验到游戏的更多乐趣。

　　本书对游戏规则做了详细解读，列举大量实例对丰富的算法和游戏技巧做了细致解析。书中还就读者关心的问题做了解答，并为喜欢钻研的人提供了深入的数学理论分析。

　　为了读者能够随时随地享受游戏的乐趣，我们列举了全部 1820 种牌组，逐一给出解法，供个人用来验证思考的结果，或者作为竞赛活动的裁判依据。各位读者在思考之前千万不要偷看哦。

　　快来试试吧！

编　者
2015 年 10 月

目录

- 算 24 点游戏规则 ………………… 1
- 常见问题解答 …………………… 4
- 算 24 点的技巧 …………………… 7
  - 一、适合心算的简单算法 ……… 8
  - 二、最常用的算法 3×8 与 4×6 …… 9
  - 三、各种牌点或数字的处理 …… 11
  - 四、无解的判断 ………………… 21
- 算 24 点的数学分析 …………… 23
- 1820 种牌组的解法 …………… 29

基本计算规则

一副扑克牌中去除大小王,剩下52张,然后从中任意抽取四张牌(称为一个牌组),用加、减、乘、除法(可添加括号)把牌面上的数算成24。

A = 1,J = 11,Q = 12,K = 13,不区分花色。

每张牌必须用一次,并且只能用一次。

用哪种算法、用几次,都不限制。

游戏竞赛规则

算24点的游戏形式灵活,可由参与者自行商定,公平即可。

如果是两个人玩,每人分得26张牌,两人同时分别亮出两张牌,开始抢算,此时不得发出影响对手的声音或动作。亮牌时不能故意延迟,更不能先看过自己的牌后再亮出。当有人算出时,可约定击打桌面或者拍掌,然后立即说出自己的算法,不能有迟疑或停顿。如果正确,则四张牌归自己;如果错误,则四张牌归对方。如果双方都没有算出,在双方认同的情况下,当做无解,双方各拿回两张牌。最终拿到全部牌者获胜(也可约定某一方持牌不足若干张时,持牌较多者获胜)。

如果是三个人玩,先选出一人发牌,另外两人竞赛,输者下台。

如果是四个人玩,每人分得13张牌,每次亮出一张牌,并采取计分的方式决输赢,先算对一次得1分,算错一次倒扣1分。

特殊规则

对于初学的小学生,可将10、J、Q、K共16张牌抽去,只留A～9总共36张牌进行游戏,这样可以降低难度。等熟悉游戏之后把10放进去玩,以后再把J、Q、K放回去,逐步增加练习难度。

玩家可以约定在运算过程中不出现分数。这样一些有解的牌组便成了无解的牌组。在本书后面牌组解法的部分中,183、247、291、338、418、528、533、562、645、660、739、858、865、1133、1347、1411牌组均只能用出现分数的运算得到24点,在约定运算中不能出现分数后变为无解。

游戏各方还可以约定,当一人算出后,其他人如果给出不同的算法也可得分,但由加法交换律、乘法交换律、与1相乘除的不同组合、与0相加减的不同组合方式获得的类似算法不看成不同算法。

对于追求难度的玩家,可以加入开根号运算和指数运算。

常见问题解答

学校里学算24点吗？

小学生二年级学过乘法口诀之后就能算24点。现在，很多学校在数学课上教学生算24点，也有一些学校在课外活动课上教学生算24点。当然，正如前面提到的，可以把扑克牌中的10、J、Q和K抽出去，只留下A～9四个花色36张牌，适当降低难度，更适合小学生的特点。

算24点游戏寓教于乐，让学生在玩中学习加、减、乘、除心算技巧，有利于调动学生的学习热情，改变数学枯燥难学的印象。

为什么是算24点？

24的约数有1、2、3、4、6、8、12和24，因此计算方式多种多样，计算成功率比较高。

你也可以用四张牌算30点，或者用五张牌算60点。要是用四张牌算23点，难度就大多了。

算24点难度适中，既适合休闲活动，也能作为对抗性的游戏。这或许是算24点盛行的原因。

每一种牌组都能算出来吗？

从去掉大小王后剩下的52张牌中任意取四张组成的牌组，共有1820种。按照基本计算规则，只采用加、减、乘、除和括号，能算出 24 点的有 1362 种牌组，不少牌组有两种甚至有多种算法。存在无解的牌组反而增加了游戏的趣味性。

如果去掉 J、Q、K，由 A ~ 10 组成的牌组共有 715 种，其中 566 种有解。

算24点一定要用扑克牌吗？

扑克牌只是为了营造游戏的气氛。任意亮出四张扑克牌，方便快捷，随机性强。

算 24 点是利用扑克牌上的数字。只要能方便书写数字并让参与者看清，没有扑克牌也能算 24 点。

学校里教算 24 点，就是在黑板上写出四个数字。

老年人算24点有哪些好处？

老年人算 24 点，能活动大脑、保持反应能力。

老年人与孙辈一起算 24 点，能帮助孩子练习心算能力，还能增进亲情。

老年朋友在一起算 24 点，能增加聚会的乐趣。

在一个人的闲暇时光里，算算 24 点，可以细细品味，自得其乐。

如果牌组中有一张3，要是能把其他牌凑成8，就能由 3×8 得到24。要是牌组中既没有3也没有8，但能用其他牌凑出这两个数，也就算出来了。

在牌组2、4、6、Q中，分明已经看到了4和6，但还有2和Q，只好算成 $(12 \div 4) \times (2 + 6)$，虽然有点麻烦，但要服从规则，每张牌都要用一次。

牌组3、4、4、4，紧皱眉头思考一番，找到的解法是 $4 \times (3 + 4) - 4$。这是适应数字7的一个重要算法，记住了就能熟练运用。

有的牌组有多种算法，因为篇幅有限，本书中一般只介绍典型的一种算法。例如，牌组2、4、6、10的算法有：

$2 \times 4 + 6 + 10$；

$(10 - 6) \times (2 + 4)$；

$(10 + 6 - 4) \times 2$。

有时，把四个牌点全相加，或者把三个牌点相加以后再减去第四个牌点，这种算法在一些牌组中也可以尝试。

下面为大家介绍常用的算法和技巧，启发你在多变的牌组中尽快找到合适的解法。

一、适合心算的简单算法

算24点靠心算。游戏中遇到的数字大多比较小，难度

算24点的技巧

不大,基本上用不到深奥的速算诀窍。

掌握一些简单的心算技巧,可以加快计算速度,在激烈的竞争中赢得优势。

先难后简:如果遇到牌组3、5、7、Q,计算式是 3×(5 + 7) − 12,先算出5 + 7,大脑就轻松了。对牌组A、A、2、J,先算出2×11 = 22,然后处理两个数字1。

分组计算:算式8×12÷4用心算还是有难度的,如果换成(12÷4)×8,一下子就变简单了。对牌组1、5、7、J,如果看到5 + 7 = 12,1 + 11 = 12,就找到解法了;要是逐个数字相加,总和是多少不一定立即就能看出来。

潜意识:对牌组9、11、12、12,符合游戏规则的算法是11×12 − 9×12,要把前后两组数字心算出来会有一些难度。再想一下,把计算式变成下面的格式(11 − 9)×12,就不难算了。

二、最常用的算法3 × 8与4 × 6

3×8与4×6是计算24点最常用和最快捷的方法。在包含J、Q与K的游戏中,超过三分之一的牌组能用这两种算法获得结果;在不包含牌张J、Q与K的轻松游戏中,至少有一半的牌组能用这两种算法获得结果。

在牌组中出现贴近这两种算法的牌时,可以快速推算并获得结果。确认采用这两种算法行不通时，再考虑其他算法。

3×8算法的应用技巧

以下是一些简单的牌型。

牌A、2、3、8，解 $3×8×(2-1)$。

牌A、2、3、5，解 $3×(1+2+5)$。

牌2、6、6、9，解 $(9-6)×(2+6)$。

牌3、6、8、9，解 $[9÷(6-3)]×8$。

牌2、5、7、8，解 $(2×5-7)×8$。

牌2、3、7、9，解 $[(7+9)÷2]×3$。

有的牌组中虽然包含3或者8，但需要处理好四张牌，要把3或8先用于其他计算。例如：

牌3、7、8、9，解 $3×[7+(9-8)]$。

牌2、3、4、8，解 $3×(8÷2+4)$。

以下牌组看似适用3×8组合，但要把四张牌都用上就得改变思路。

牌2、3、8、9，解 $(8÷2)×(9-3)$。

牌3、3、8、8，解 $8÷(3-8÷3)$，计算过程中要用到分数。

4×6算法的应用技巧

先看几个牌组：

牌 4、6、8、9，解 4×6×(9 − 8)。

牌 A、A、3、7，解 (1 + 3)×(7 − 1)。

牌 A、5、7、9，解 (9 − 5)×(7 − 1)。

牌 2、5、6、10，解 (10÷5 + 2)×6。

有的牌组中虽然包含 4 或者 6，但需要处理好四张牌，要把 4 或 6 先用于其他计算。例如：

牌 4、6、7、9，解 (7 + 9)÷4×6。

牌 4、5、6、7，解 4×(5 + 7 − 6)。

以下牌组看似适用 4×6 算法，但要把四张牌都用上就得改变思路。

牌 4、6、6、9，解 (9 − 4)×6 − 6。

牌 2、4、6、7，解 (7 − 4)×(2 + 6)。

三、各种牌点或数字的处理

每种牌点都有一些特有的算法。由两个或三个其他牌点经过计算获得的与这个牌点相同的数字，也可能适用这种算法。

数字 0

0 是由两个相同的牌点相减得到的。

如果牌组中有两个牌点能直接算出 24，而另外两个牌点相同，就能用这种算法。两个牌点就能算出 24 的组合有：2 与 Q，3 与 8，4 与 6，Q 与 Q，J 与 K。

牌点或数字 1

数字 1 可能来自牌点 A，也可能由两个相同的牌点相除而得，或者由两个相邻的牌点相减而得。

数字 1 总是配角。

数字 1 与其他数相加减，能改变数值。数字 1 与其他数相乘（或相除）后的结果不变，相当于消除了多余的牌。因此，当我们不需要数字 1 的时候，可以把它忽略掉，就像它不存在一样。

数字 1 的局限性主要是，当牌组中其他牌点的数值都比较小或者都比较大，这些数与 1 相加减后数值变化比较小，可能造成无解。

牌点或数字 2

数字 2 的应用很灵活。数字 2 在计算中间过程中与其他数字做加减乘除计算，能使数值发生大幅度变化，要能随机应变。

数字 2 用于乘法计算，有以下常用模式。

2×7 + 10 模式，如：

牌 A、2、7、9，解 2×7 + (1 + 9)。根据运算规则，这个计算式中不需要括号。加上括号，是为了强调括号中的算式要作为一个整体来对待，以便减小计算难度。

牌 2、3、4、10，解 2×(3 + 4) + 10。

2×8 + 8 模式，如：

牌 2、3、5、8，解 2×(3 + 5) + 8。

2×9 + 6 模式，如：

牌 2、3、3、9，解 2×9 + (3 + 3)。

2×10 + 4 模式，如：

牌 A、A、4、10，解 (1 + 1)×10 + 4。

2×11 + 2 模式，如：

牌 2、2、5、6，解 2×(5 + 6) + 2。

2×12 模式，如：

牌 A、5、7、Q，解 (7 - 5)×12×1。

牌 2、7、9、10，解 2×(9 + 10 - 7)。

2×13 - 2 模式，如：

牌 2、2、6、7，解 2×(6 + 7) - 2。

牌 2、4、6、K，解 2×13 - (6 - 4)。要是把算式改成 2×13 + 4 - 6，心算就要难一些。

2×14 - 4 或者 2×15 - 6，这些算法也可能用到。与 2 相乘的数都是由两个牌点相加或者相乘得到，最大只能是 18，因为减数最大只能是双数牌点 12。

牌点或数字 3

数字3常用于3×8模式，也用于中间计算过程和以下计算模式。

3×4×2模式。很明显，把4与2相乘，就转化成了3×8；把3与2相乘，就转化成了4×6。

3×4 + 12模式，如：

A、3、4、J，解3×4 + 1 + 11。

2、3、4、6，解3×4 + 2×6。

3×5 + 9模式，如：

牌2、3、5、J，解3×5 + (11 − 2)。

牌3、4、9、9，解3×(9 − 4) + 9。

3×6 + 6模式，如：

牌A、2、6、6，解(1 + 2)×6 + 6。

牌2、3、6、8，解3×6 + (8 − 2)。

3×7 + 3模式，如：

牌2、3、3、5，解3×(2 + 5) + 3。

3×8模式，参见"3×8算法的应用技巧"。

3×9 − 3模式，如：

牌3、3、4、5，解3×(4 + 5) − 3。

牌3、7、9、10，解3×9 − (10 − 7)。

3×10 − 6模式，如：

牌2、3、3、10，解3×10 - (2×3)。

3×11 - 9模式，如：

牌3、5、6、9，解3×(5 + 6) - 9。

3×12 - 12模式，如：

牌3、5、7、Q，解3×(5 + 7) - 12。

3×13 - 15模式，如：

牌3、7、8、K，解3×13 - (7 + 8)。

牌点或数字4

由于数字4在4×6算法中的应用，经常要从其他数字算得4。计算中间过程中，有时也会把数字4用于凑出其他数。

数字4有以下常用计算模式。

4×4 + 8模式，如：

牌2、4、6、8，解4×(6 - 2) + 8。

牌2、4、4、4，解4×4 + 2×4。

4×5 + 4模式，如：

牌2、3、4、4，解4×(2 + 3) + 4。

牌2、4、5、8，解4×5 + 8÷2。

4×6模式，参见"4×6算法的应用技巧"。

4×7 - 4模式，如：

牌2、4、7、8，解4×7 - (8÷2)。

4×8 - 8 模式，如：

牌 7、8、8、J，解 (11 - 7)×8 - 8。

4×9 - 12 模式，如：

牌 4、4、Q、K，解 4×(13 - 4) - 12。

数字 4 与更大的数相乘后，再减去一个数的算法，用到的机会比较少，例如：

牌 4、4、7、K，解 4×13 - 4×7。

牌点或数字 5

计算中间过程中，可关注数字 5 与单数的和，尤其是 5 + 7。要获得数字 5，关注一下 10÷2。

数字 5 常用的计算模式如下。

3×5 + 9 模式，参见"牌点或数字 3"。

4×5 + 4 模式，参见"牌点或数字 4"。

5×5 - 1 模式，如：

牌 3、4、5、5，解 5×5 - (4 - 3)。

牌 A、3、5、8，解 (8 - 3)×5 - 1。

5×6 - 6 模式，如：

牌 2、6、6、10，解 (10÷2)×6 - 6。

牌 2、3、5、6，解 5×6 - 2×3。

5×7 - 11 模式，如：

牌3、5、7、8,解5×7 - (3 + 8)。

牌A、5、8、J,解5×(8 - 1) - 11。

5×8 - 16模式,如:

牌2、5、8、8,解5×8 - 2×8。

5×9 - 21模式,如:

牌3、5、7、9,解5×9 - 3×7。

19 + 5模式,如:

牌2、7、9、10,解(9 + 10) + (7 - 2)。

牌2、6、10、K,解(6 + 13) + (10÷2)。

牌点或数字6

游戏时,常需由其他数字算得数字6,除采用加减法外,还有2×3,或者12÷2。根据需要,也会用6凑出其他数。

数字6常用的计算模式如下。

3×6 + 6模式,参见"牌点或数字3"。

4×6模式,参见"4×6算法的应用技巧"。

5×6 - 6,参见"牌点或数字5"。

6×6 - 12模式,如:

牌5、6、6、7,解6×6 - (5 + 7)。

牌2、3、6、Q,解(2×3)×6 - 12。

牌点或数字7

数字7常在计算中间过程中转化成其他数字,例如:(2 + 7)÷3 = 3,(1 + 7)÷2 = 4,或者5 + 7 = 12。

数字7常用的计算模式如下。

2×7 + 10模式,参见"牌点或数字2"。

3×7 + 3模式,参见"牌点或数字3"。

4×7 - 4模式,参见"牌点或数字4"。

5×7 - 11模式,参见"牌点或数字5"。

6×7 - 18模式,如:

牌2、6、7、9,解6×7 - 2×9。

数字7与更大的数相乘,所得的积比较大,减数也应当很大。有人把这种算法形象地称为"先上天后落地"。

5 + 7模式,如:

牌1、3、5、7,解(5 + 7)×(3 - 1)。

牌4、5、7、8,解(5 + 7) + (4 + 8)。

牌3、5、7、Q,解(5 + 7)×3 - 12。

牌点或数字8

由8通向24点的解法很多,常需由其他数字计算得到8。

数字8常用的计算模式如下。

2×8 + 8模式,参见"牌点或数字2"。

3×8模式,参见"3×8算法的应用技巧"。

4×4 + 8 模式，参见"牌点或数字 4"。

4×8 - 8 模式，参见"牌点或数字 4"。

5×8 - 16 模式，如：

牌 3、5、8、K，解 5×8 - (3 + 13)。

牌点或数字 9

数字 9 常在计算中间过程中转化成其他数字。

数字 9 常用以下计算模式。

2×9 + 6 模式，参见"牌点或数字 2"。

3×9 - 3 模式，参见"牌点或数字 3"。

4×9 - 12 模式，参见"牌点或数字 4"。

5×9 - 21 模式，参见"牌点或数字 5"。

牌点或数字 10

数字 10 常在计算中间过程中转化成其他数字，如 10 - 2，10 - 4，10÷2，10÷5。

数字 10 常用以下计算模式。

2×10 + 4 模式，参见"牌点或数字 2"。

3×10 - 6 模式，参见"牌点或数字 3"。

4×10 - 16 模式，如：

牌 4、4、4、10，解 4×10 - 4×4。

5×10 - 26 模式，如：

牌2、5、10、K，解 $5×10 - 2×13$。

牌点或数字11

数字11大多要转换成其他数字用于计算。

数字11也用于以下计算模式。

$2×11 + 2$ 模式，参见"牌点或数字2"。

$3×11 - 9$ 模式，参见"牌点或数字3"。

$4×11 - 20$ 模式，如：

牌4、4、5、J，解 $4×11 - 4×5$。

牌点或数字12

数字12经常转换成其他数字用于计算。

数字12也用于以下计算模式。

$2×12$ 模式，参见"牌点或数字2"。

$3×12 - 12$ 模式，参见"牌点或数字3"。

$4×12 - 24$ 模式，如：

牌3、4、8、12，解 $4×12 - 3×8$。

牌点或数字13

数字13大多用于凑出其他数字之后用于计算。如 $13 - 5$，$13 - 3 - 4$，或者 $(13 - 1) ÷ 2$。

数字13还可用于以下计算模式。

$2×13 - 2$ 模式，参见"牌点或数字2"。

3×13 − 15 模式，参见"牌点或数字 3"。

数字 13 与更大数相乘后再减去一个数，属于前面提到的"先上天后落地"算法，以下带有两张 4 或者两张 6 的牌组比较典型：

牌 4、4、7、13，解 4×13 − 4×7。

牌 6、6、9、K，解 6×13 − 6×9。

四、无解的判断

四张牌亮出来后，有的牌组初步看上去好像无解，经过仔细推算还是能找到解法，要有耐心。

在 52 张牌组成的 1820 种牌组中，有 458 种无解。

有的牌组无论用什么方式都没有解。游戏者如果能准确判断，可以加快游戏速度，避免精力消耗。

如果牌组中的四张牌都很小，很可能用各种方法都凑不足 24。例如，牌 A、A、2、3，能算得的最大数只有 12。

再如，牌 8、8、9、9，经过一步计算能得到的中间结果只有 0、1、16、17、18、64、72 和 81，再往后就找不到通路了，只能判断无解。

四张牌都比较大时，发生无解的可能性比较大，但很多牌组是有解的，如

牌 9、J、Q、Q，解 11×12 − 9×12。

牌 J、K、K、K，解 11 + 13 + (13 - 13)。

牌 Q、Q、Q、Q，解 12 + 12 + (12 - 12)。

下面这些牌都是无解的：

牌 J、J、J、J；

牌 7、Q、Q、Q；

牌 3、K、K、K。

算24点的数学分析

扑克牌去掉大小王后，从52张牌中任意抽取四张组成一个牌组，相同牌点不同花色并不区分，相同牌点先后出现也不区分，因此只有1820种不同的牌组。按照基本计算规则，在只使用加、减、乘、除的情况下，其中1362种有解，有的有多个解。常用以下算法。

乘法

这类算法有三种模式：$3×8$，$4×6$，$2×12$。

这是最常见的算法，也是十分快捷的方法。牌组亮出后，首先看能不能拼凑出上述三组数字。

以a、b、c、d分别代表四个牌点，算法有：

$(a + b + c)×d$，如$(3 + 4 + 5)×2$。

$(a + b - c)×d$，如$(4 + 6-2)×3$。

$(a - b - c)×d$，如$(9 - 1-2)×4$。

$(a + b×c)×d$，如$(2 + 2×3)×3$。

$(a - b×c)×d$，如$(10 - 2×3)×6$。

$(a + b÷c)×d$，如$(5 + 6÷2)×3$。

$(a - b÷c)×d$，如$(10 - 8÷2)×4$。

$(a×b - c)×d$，如$(2×5 - 2)×3$。

$(a÷b - c)×d$，如$(10÷2 - 1)×6$。

$(a + b)×(c + d)$，如$(1 + 2)×(3 + 5)$。

$(a + b) \times (c - d)$,如 $(5 + 3) \times (5 - 2)$。

$(a + b) \times (c \times d)$,如 $(1 + 2) \times (2 \times 4)$。

$(a + b) \times (c \div d)$,如 $(2 + 6) \times (9 \div 3)$。

$(a - b) \times (c - d)$,如 $(5 - 1) \times (10 - 4)$。

$(a - b) \times (c \times d)$,如 $(5 - 1) \times (2 \times 3)$。

$(a - b) \times (c \div d)$,如 $(7 - 1) \times (8 \div 2)$。

$(a \times b) \times (c \times d)$,如 $(1 \times 3) \times (2 \times 4)$。

$(a \times b) \times (c \div d)$,如 $(2 \times 3) \times (8 \div 2)$。

$(a \div b) \times (c \div d)$,如 $(12 \div 2) \times (8 \div 2)$。

丰富的组合为求解提供了多样选择。游戏者根据具体的牌组,很快就要找到适合的计算方式。

$(a + b \times c) \times d$ 与 $(a \times b + c) \times d$ 两种算法看上去不同,实际上完全相同。类似的情况在本书中不重复列出。

$a \div b \div c \div d$ 的算法不可能算出24点,本书中也不会列出。

先乘后加

比如,$2 \times 7 + 10$,$3 \times 5 + 9$,$4 \times 5 + 4$。

可以尝试以下算法:

$(a \times b) + (c + d)$,如 $(2 \times 8) + (3 + 5)$。

$(a \times b) + (c - d)$,如 $(3 \times 7) + (9 - 6)$。

$(a \times b) + (c \times d)$,如 $(2 \times 7) + (2 \times 5)$。

(a×b) + (c÷d)，如 (2×11) + (10÷5)。

(a + b)×c + d，如 (1 + 2)×5 + 9。

(a - b)×c + d，如 (8 - 2)×3 + 6。

(a×b)×c + d，如 (2×4)×2 + 8。

(a÷b)×c + d，如 (6÷3)×10 + 4。

先乘后减

比如，3×9 - 3，4×7 - 4，5×6 - 6。

可以尝试以下算法：

(a×b) - (c + d)，如 (5×6) - (2 + 4)。

(a×b) - (c - d)，如 (4×7) - (13 - 9)。

(a×b) - (c×d)，如 (6×7) - (2×9)。

(a×b) - (c÷d)，如 (3×9) - (6÷2)。

(a + b)×c - d，如 (3 + 5)×4 - 8。

(a - b)×c - d，如 (10 - 1)×3 - 3。

(a×b)×c - d，如 (2×3)×5 - 6。

(a÷b)×c - d，如 (8÷2)×9 - 12。

加减法

a + b + c + d，如 2 + 6 + 7 + 9。

a + b + c - d，如 7 + 9 + 10 - 2。

a + b - c - d，如 13 + 13 - 1 - 1，这是能采用这

种模式算出 24 点的唯一牌组。

其他算法

a + b - c×d，如 13 + 13 - 1×2。

a + b + c÷d，如 8 + 10 + 12÷2。

a + b - c÷d，如 13 + 12 - 7÷7。

a - b + c÷d，如 13 - 1 + 12÷1。

(a + b)÷c + d，如 (11 + 13)÷2 + 12。

(a×b + c)÷d，如 (8×11 + 8)÷4。

(a×b - c)÷d，如 (10×10 - 4)÷4。

(a×b)÷(c + d)，如 (8×12)÷(1 + 3)。

(a×b)÷(c - d)，如 (8×9)÷(7 - 4)。

(a×b)÷(c×d)，如 (12×12)÷(2×3)。

采用小数的算法

可能的算法有：

a÷(b÷c - d)，如 8÷(7÷3 - 2)。

a÷(b - c÷d)，如 12÷(3 - 5÷2)。

这两种算法要用小数或分数，是最难的算法。

利用 4÷(1／6) 的算法：

牌 1、4、5、6，解 4÷(1 - 5÷6)。

利用 6÷(1／4) 的算法：

牌1、3、4、6，解 $6÷(1-3÷4)$。

牌1、6、6、8，解 $6÷(1-6÷8)$。

利用 $8÷(1/3)$ 的算法：

牌3、3、8、8，解 $8÷(3-8÷3)$。

牌2、3、7、8，解 $8÷(7÷3-2)$，遇到这个牌组，更容易想到简单的算法 $(7-3)×(8-2)$。

利用 $12÷(1/2)$ 的算法：

牌2、5、J、Q，解 $12÷(11÷2-5)$，含有 Q 的牌组中，其他三张牌能算出 $1/2$ 的，都适用这种算法。

包含 5 的牌组：

牌1、5、5、5，解 $5×(5-1÷5)$。

牌2、5、5、10，解 $5×(5-2÷10)$。

包含 7 的牌组：

牌3、3、7、7，解 $7×(3+3÷7)$。

牌4、4、7、7，解 $7×(4-4÷7)$。

牌2、7、7、10，解 $7×(2+10÷7)$。

包含 10 的牌组：

牌2、4、10、10，解 $10×(2+4÷10)$。

1820 种牌组的解法

说明：牌组中按照从左到右牌点逐渐增加的顺序排列，不区分花色。牌组前后顺序按照牌组中左边较小者在前的方式排列。

1. 【A A A A】
   无解

2. 【A A A 2】
   无解

3. 【A A A 3】
   无解

4. 【A A A 4】
   无解

5. 【A A A 5】
   无解

6. 【A A A 6】
   无解

7. 【A A A 7】
   无解

8. 【A A A 8】
   (1 + 1 + 1) × 8

9. 【A A A 9】
   无解

10. 【A A A 10】
    无解

11. 【A A A J】
    (1 + 11) × (1 + 1)

12. 【A A A Q】
    1 × 12 × (1 + 1)
    (1 × 1 + 1) × 12

13. 【A A A K】
    (1 + 1) × (13 − 1)

14. 【A A 2 2】
    无解

15. 【A A 2 3】
    无解

16. 【A A 2 4】
    无解

17. 【A A 2 5】
    无解

18. 【A A 2 6】
    (1 + 1) × 2 × 6
    (1 + 2 + 1) × 6

19. 【A A 2 7】
    (1 + 2) × (1 + 7)

20. 【A A 2 8】
    (1 + 2) × 1 × 8
    (1 × 2 + 1) × 8

21. 【A A 2 9】
    (9 − 1) × (1 + 2)

22. 【A A 2 10】
    (1 + 1) × (10 + 2)
    (1 + 10 + 1) × 2

23. 【A A 2 J】
 (1 + 1) × 11 + 2
 2 × (1 + 11) × 1
 (1 × 1 + 11) × 2
 2 × 11 + 1 + 1

24. 【A A 2 Q】
 2 × 12 − 1 + 1
 (2 − 1 + 1) × 12
 2 × 12 × 1 × 1
 (12 − 1 + 1) × 2

25. 【A A 2 K】
 2 × 13 − 1 − 1
 1 × 2 × (13 − 1)

26. 【A A 3 3】
 无解

27. 【A A 3 4】
 (1 + 1) × 3 × 4

28. 【A A 3 5】
 (1 + 3) × (1 + 5)

29. 【A A 3 6】
 1 × (1 + 3) × 6
 (1 × 3 + 1) × 6
 (1 + 1 + 6) × 3

30. 【A A 3 7】
 (7 − 1) × (1 + 3)
 1 × 3 × (1 + 7)
 (1 × 1 + 7) × 3

31. 【A A 3 8】
 1 × 1 × 3 × 8
 3 × 8 − 1 + 1

32. 【A A 3 9】
 (9 − 1) × 1 × 3
 (1 + 1) × (3 + 9)

33. 【A A 3 10】
 (10 − 1 − 1) × 3

34. 【A A 3 J】
 (1 + 11) × (3 − 1)

35. 【A A 3 Q】
 (1 × 3 − 1) × 12
 (3 − 1) × 1 × 12

36. 【A A 3 K】
 (3 − 1) × (13 − 1)

37. 【A A 4 4】
 (1 + 4 + 1) × 4

38. 【A A 4 5】
 1 × 4 × (1 + 5)
 (1 + 4) × 5 − 1

39. 【A A 4 6】
 4 × 6 − 1 + 1

40.【A A 4 7】
(1 + 7) × (4 - 1)
(1 × 7 - 1) × 4

41.【A A 4 8】
1 × (4 - 1) × 8
(8 - 1 - 1) × 4
(1 + 1) × (4 + 8)

42.【A A 4 9】
(4 - 1) × (9 - 1)

43.【A A 4 10】
(1 + 1) × 10 + 4

44.【A A 4 J】
无解

45.【A A 4 Q】
4 × 12 ÷ (1 + 1)
(4 - 1 - 1) × 12

46.【A A 4 K】
无解

47.【A A 5 5】
1 × 5 × 5 - 1
1 × (5 × 5 - 1)
(1 + 5) × (5 - 1)

48.【A A 5 6】
1 × 6 × (5 - 1)
(1 × 5 - 1) × 6
(6 - 1) × 5 - 1

49.【A A 5 7】
(7 - 1) × (5 - 1)
(1 + 1) × (7 + 5)

50.【A A 5 8】
(5 - 1 - 1) × 8

51.【A A 5 9】
无解

52.【A A 5 10】
无解

53.【A A 5 J】
无解

54.【A A 5 Q】
无解

55.【A A 5 K】
无解

56.【A A 6 6】
(1 + 1) × (6 + 6)
(6 - 1 - 1) × 6

57.【A A 6 7】
无解

58.【A A 6 8】
6 × 8 ÷ (1 + 1)

59.【A A 6 9】
(1 + 1) × 9 + 6

60. 【A A 6 10】
无解

61. 【A A 6 J】
无解

62. 【A A 6 Q】
(1 + 1) × 6 + 12

63. 【A A 6 K】
无解

64. 【A A 7 7】
无解

65. 【A A 7 8】
无解

66. 【A A 7 9】
无解

67. 【A A 7 10】
(1 + 1) × 7 + 10

68. 【A A 7 J】
无解

69. 【A A 7 Q】
无解

70. 【A A 7 K】
无解

71. 【A A 8 8】
(1 + 1) × 8 + 8

72. 【A A 8 9】
无解

73. 【A A 8 10】
无解

74. 【A A 8 J】
无解

75. 【A A 8 Q】
无解

76. 【A A 8 K】
无解

77. 【A A 9 9】
无解

78. 【A A 9 10】
无解

79. 【A A 9 J】
无解

80. 【A A 9 Q】
无解

81. 【A A 9 K】
1 + 1 + 9 + 13

82. 【A A 10 10】
无解

83. 【A A 10 J】
无解

84.【A A 10 Q】
1 + 1 + 10 + 12

85.【A A 10 K】
1 × 10 + 1 + 13
(1 + 10 + 13) × 1
1 + 10 + 1 × 13

86.【A A J J】
1 + 1 + 11 + 11

87.【A A J Q】
(1 + 11 + 12) × 1
1 × 1 + 12 + 11
1 × (11 + 12) + 1

88.【A A J K】
(11 + 13) × 1 × 1
11 + 13 − 1+1

89.【A A Q Q】
1 × 12 + 1 × 12
1 × 1 × (12 + 12)
12 + 12 − 1 + 1

90.【A A Q K】
1 × (13 − 1) + 12
13 − 1 + 1 × 12
13 − 1 × 1 + 12

91.【A A K K】
13 + 13 − 1 − 1

92.【A 2 2 2】
无解

93.【A 2 2 3】
无解

94.【A 2 2 4】
(1 + 2) × 2 × 4

95.【A 2 2 5】
(1 + 5) × 2 × 2
(1 + 5) × (2 + 2)

96.【A 2 2 6】
1 × 6 × (2 + 2)
(1 + 2) × (6 + 2)
1 × 2 × 2 × 6

97.【A 2 2 7】
(7 − 1) × (2 + 2)
(7 − 1) × 2 × 2

98.【A 2 2 8】
(2 − 1 + 2) × 8
(2 × 2 − 1) × 8

99.【A 2 2 9】
(1 + 2 + 9) × 2

100.【A 2 2 10】
1 × 2 × (2 + 10)
(1 × 2 + 10) × 2
(1 + 2) × (10 − 2)

101. 【A 2 2 J】
(2 + 11 − 1) × 2
1 × 2 × 11 + 2
1 × 2 + 11 × 2

102. 【A 2 2 Q】
(2 − 1) × 12 × 2
(12 − 1) × 2 + 2
(1 + 12) × 2 − 2

103. 【A 2 2 K】
(1 + 13 − 2) × 2
1 × 13 × 2 − 2

104. 【A 2 3 3】
(1 + 3) × 2 × 3

105. 【A 2 3 4】
1 × 2 × 3 × 4
(1 + 2 + 3) × 4

106. 【A 2 3 5】
(1 + 2) × (3 + 5)
(1 + 2 + 5) × 3
(5 − 1) × 2 × 3
(2 + 3) × 5 − 1

107. 【A 2 3 6】
(2 + 3 − 1) × 6
1 × (2 + 6) × 3
(3 − 1) × 2 × 6

108. 【A 2 3 7】
(2 + 7 − 1) × 3
(1 + 2) × 7 + 3
1 + 2 + 3 × 7

109. 【A 2 3 8】
(2 − 1) × 3 × 8
(1 + 8 + 3) × 2
(1 + 3) × (8 − 2)

110. 【A 2 3 9】
3 × 9 − 2 − 1
(1 × 3 + 9) × 2
1 × (3 + 9) × 2
(1 + 2) × 9 − 3
(1 + 9 − 2) × 3

111. 【A 2 3 10】
(3 + 10 − 1) × 2
(1 × 10 − 2) × 3
1 + 3 + 2 × 10

112. 【A 2 3 J】
(11 − 1 − 2) × 3
2 × 11 + 3 − 1
(1 + 2) × (11 − 3)

113. 【A 2 3 Q】
(1 + 3 − 2) × 12
(1 + 3) × 12 ÷ 2

114. 【A 2 3 K】
1 + 2 × 13 − 3
2 × 13 − (3 − 1)

115.【A 2 4 4】
$1 \times (2 + 4) \times 4$
$(4 - 1) \times 2 \times 4$
$(1 + 2) \times (4 + 4)$

116.【A 2 4 5】
$(2 - 1 + 5) \times 4$
$(5 - 1) \times (2 + 4)$

117.【A 2 4 6】
$(2 - 1) \times 6 \times 4$
$(4 - 1) \times (2 + 6)$

118.【A 2 4 7】
$(1 + 7 - 2) \times 4$
$(1 + 7 + 4) \times 2$

119.【A 2 4 8】
$1 \times (8 - 2) \times 4$
$(1 \times 8 + 4) \times 2$
$(1 + 4 - 2) \times 8$

120.【A 2 4 9】
$(4 + 9 - 1) \times 2$
$(9 - 1 - 2) \times 4$

121.【A 2 4 10】
$1 \times 2 \times 10 + 4$
$(4 - 1) \times (10 - 2)$
$(1 + 10 \div 2) \times 4$

122.【A 2 4 J】
$(1 + 11) \div 2 \times 4$
$(1 + 11) \times (4 - 2)$
$(11 - 1) \times 2 + 4$

123.【A 2 4 Q】
$4 \times 12 \div 2 \div 1$
$(4 - 2) \div 1 \times 12$
$(1 + 2) \times (12 - 4)$
$(1 \times 4 - 2) \times 12$
$(1 + 2) \times 4 + 12$

124.【A 2 4 K】
$(1 + 13) \times 2 - 4$
$(13 - 1) \times (4 - 2)$

125.【A 2 5 5】
$1 + 5 \times 5 - 2$
$5 \times 5 - (2 - 1)$

126.【A 2 5 6】
$(1 + 5 + 6) \times 2$
$(1 + 5) \times (6 - 2)$
$(1 + 5 - 2) \times 6$

127.【A 2 5 7】
$(1 \times 5 + 7) \times 2$
$(1 + 7) \times (5 - 2)$
$(7 - 2) \times 5 - 1$

128.【A 2 5 8】
$(1 + 5) \times 8 \div 2$
$1 \times 8 \times (5 - 2)$
$(5 + 8 - 1) \times 2$

129.【A 2 5 9】
$1 + 5 + 2 \times 9$
$(9 - 1) \times (5 - 2)$
$(1 + 2) \times 5 + 9$

130.【A 2 5 10】
$10 \div 2 \times 5 - 1$
$2 \times 10 + 5 - 1$

131.【A 2 5 J】
无解

132.【A 2 5 Q】
$(5 - 1 - 2) \times 12$
$(5 - 1) \div 2 \times 12$
$(1 + 5) \times 2 + 12$

133.【A 2 5 K】
$1 + 13 + 2 \times 5$
$(1 + 2) \times (13 - 5)$

134.【A 2 6 6】
$(1 \times 6 - 2) \times 6$
$1 \times (6 + 6) \times 2$
$(6 - 1 \times 2) \times 6$

135.【A 2 6 7】
$(7 - 1) \times (6 - 2)$
$(1 + 7) \div 2 \times 6$
$(7 - 1 + 6) \times 2$
$(7 - 2 - 1) \times 6$

136.【A 2 6 8】
$1 \times 6 \times 8 \div 2$
$(6 - 2 - 1) \times 8$
$(1 + 8) \times 2 + 6$

137.【A 2 6 9】
$1 \times (2 \times 9 + 6)$
$(9 - 1) \div 2 \times 6$
$1 \times 6 + 2 \times 9$

138.【A 2 6 10】
$(1 + 6) \times 2 + 10$
$(10 - 1) \times 2 + 6$
$(10 \div 2 - 1) \times 6$
$(1 + 2) \times 10 - 6$

139.【A 2 6 J】
$1 + 11 + 2 \times 6$

140.【A 2 6 Q】
$(6 \div 2 - 1) \times 12$
$1 \times 6 \times 2 + 12$
$12 \div (1 + 2) \times 6$

141.【A 2 6 K】
$2 \times 6 + 13 - 1$

142.【A 2 7 7】
$(7 \times 7 - 1) \div 2$

143.【A 2 7 8】
$(1 + 7) \times 2 + 8$
$1 + 7 + 2 \times 8$
$(7 - 1) \times 8 \div 2$

144.【A 2 7 9】
2×9 − 1 + 7
1 + 9 + 2×7

145.【A 2 7 10】
1×2×7 + 10

146.【A 2 7 J】
2×7 + 11 − 1

147.【A 2 7 Q】
(7 − 1)×2 + 12

148.【A 2 7 K】
无解

149.【A 2 8 8】
1×8×2 + 8
(8÷2 − 1)×8

150.【A 2 8 9】
9÷(1 + 2)×8
2×8 + 9 − 1
(9 − 1)×2 + 8

151.【A 2 8 10】
(8 − 1)×2 + 10

152.【A 2 8 J】
无解

153.【A 2 8 Q】
无解

154.【A 2 8 K】
1 + 2 + 8 + 13

155.【A 2 9 9】
无解

156.【A 2 9 10】
无解

157.【A 2 9 J】
(1 + 2)×11 − 9

158.【A 2 9 Q】
1 + 2 + 9 + 12

159.【A 2 9 K】
1×(2 + 13 + 9)

160.【A 2 10 10】
无解

161.【A 2 10 J】
1 + 2 + 10 + 11

162.【A 2 10 Q】
1×(2 + 10 + 12)

163.【A 2 10 K】
2 + 10 + 13 − 1

164.【A 2 J J】
1×(2 + 11 + 11)

165.【A 2 J Q】
2 + 11 + 12 − 1

166.【A 2 J K】

(2 − 1) × (13 + 11)
(2 − 1) × 11 + 13

167.【A 2 Q Q】
(2 − 1) × 12 + 12
(1 + 2) × 12 − 12
(2 − 1) × (12 + 12)

168.【A 2 Q K】
1 + 12 + 13 − 2
12 + 13 − (2 − 1)

169.【A 2 K K】
1 × 13 − 2 + 13

170.【A 3 3 3】
(1 + 3) × (3 + 3)
(3 × 3 − 1) × 3

171.【A 3 3 4】
(3 − 1) × 4 × 3
1 × (3 + 3) × 4

172.【A 3 3 5】
(5 − 1) × (3 + 3)
(1 × 5 + 3) × 3

173.【A 3 3 6】
(3 + 6 − 1) × 3
(1 + 6) × 3 + 3

174.【A 3 3 7】
1 × (3 × 7 + 3)
1 × 3 + 7 × 3

175.【A 3 3 8】
(8 − 1) × 3 + 3
(1 + 8) × 3 − 3

176.【A 3 3 9】
1 × (3 × 9 − 3)
(3 − 1) × (3 + 9)
(1 + 3) × (9 − 3)

177.【A 3 3 10】
(10 − 1) × 3 − 3
(1 + 10 − 3) × 3

178.【A 3 3 J】
1 × 3 × (11 − 3)

179.【A 3 3 Q】
(12 − 1 + 3) × 3
(1 + 3 ÷ 3) × 12
(1 + 3) × 3 + 12

180.【A 3 3 K】
无解

181.【A 3 4 4】
(4 − 1 + 3) × 4
(1 × 4 + 4) × 3

182.【A 3 4 5】
(4 − 1 + 5) × 3
(4 − 1) × (3 + 5)
1 + 3 + 4 × 5

183.【A 3 4 6】
$6 \div (1 - 3 \div 4)$

184.【A 3 4 7】
$3 \times 7 + 4 - 1$
$4 \times 7 - 1 - 3$
$(1 + 3) \times 7 - 4$

185.【A 3 4 8】
$(1 + 8 - 3) \times 4$
$(1 + 3) \times 4 + 8$
$(3 - 1) \times (4 + 8)$

186.【A 3 4 9】
$(1 \times 9 - 3) \times 4$
$1 + 3 \times 9 - 4$
$(4 - 1) \times 9 - 3$

187.【A 3 4 10】
$(1 + 3) \times (10 - 4)$
$(10 - 1 - 3) \times 4$
$(3 - 1) \times 10 + 4$

188.【A 3 4 J】
$(4 - 1) \times (11 - 3)$
$1 + 11 + 3 \times 4$
$(1 + 11 - 4) \times 3$

189.【A 3 4 Q】
$1 \times 3 \times 4 + 12$
$1 \times 3 \times (12 - 4)$
$(1 + 4 - 3) \times 12$

190.【A 3 4 K】
$(13 - 1 - 4) \times 3$
$3 \times 4 + 13 - 1$

191.【A 3 5 5】
无解

192.【A 3 5 6】
$1 + 5 + 3 \times 6$
$(1 + 5) \times 3 + 6$

193.【A 3 5 7】
$(3 - 1) \times (5 + 7)$
$(1 + 5) \times (7 - 3)$

194.【A 3 5 8】
$1 + 8 + 3 \times 5$
$(1 + 5 - 3) \times 8$
$(8 - 3) \times 5 - 1$

195.【A 3 5 9】
$1 \times 9 + 3 \times 5$
$(5 - 1) \times (9 - 3)$
$1 \times 3 \times 5 + 9$

196.【A 3 5 10】
$3 \times 5 + 10 - 1$
$3 \times 10 - 1 - 5$

197.【A 3 5 J】
$(1 + 3) \times (11 - 5)$
$(1 + 11) \times (5 - 3)$

198.【A 3 5 Q】
 1×12×(5 − 3)
 (12 − (5 − 1))×3
 (1 + 5)×12÷3

199.【A 3 5 K】
 (13 − 1)×(5 − 3)
 3÷1×(13 − 5)
 (13 − 1×5)×3

200.【A 3 6 6】
 1×(3×6 + 6)
 (1 + 6 − 3)×6
 (3 − 1)×(6 + 6)

201.【A 3 6 7】
 (7 − 1×3)×6
 (1 + 7)×(6 − 3)
 3×6 + 7 − 1
 (7 − 1)×3 + 6

202.【A 3 6 8】
 1×8×(6 − 3)
 (8 − 3 − 1)×6

203.【A 3 6 9】
 (1 + 9)×3 − 6
 (6 − 1)×3 + 9
 (3 − 1)×9 + 6
 (9 − 1)×(6 − 3)
 (1 + 9÷3)×6

204.【A 3 6 10】
 1×(3×10 − 6)

205.【A 3 6 J】
 (1 + 11)÷3×6
 (11 − 1)×3 − 6

206.【A 3 6 Q】
 (1 + 3)×(12 − 6)
 1×6÷3×12
 (6 − 3 − 1)×12
 (3 − 1)×6 + 12

207.【A 3 6 K】
 (1 + 13 − 6)×3
 (13 − 1)÷3×6

208.【A 3 7 7】
 (7 − 1)×(7 − 3)

209.【A 3 7 8】
 (7 − 3 − 1)×8

210.【A 3 7 9】
 (1 + 7)×9÷3

211.【A 3 7 10】
 1 + 3×10 − 7
 (3 − 1)×7 + 10

212.【A 3 7 J】
 无解

213.【A 3 7 Q】
 $(7-1)÷3×12$

214.【A 3 7 K】
 $(1+3)×(13-7)$
 $1+3+7+13$

215.【A 3 8 8】
 $(1+3)×8-8$
 $(1+8)÷3×8$
 $(3-1)×8+8$

216.【A 3 8 9】
 $8×9÷3÷1$

217.【A 3 8 10】
 $(10-1)÷3×8$

218.【A 3 8 J】
 $3×11-8-1$

219.【A 3 8 Q】
 $12×8÷(1+3)$
 $1+12+3+8$
 $(12÷3-1)×8$

220.【A 3 8 K】
 $1×(3+8+13)$

221.【A 3 9 9】
 $(9-1)×9÷3$

222.【A 3 9 10】
 $(1+10)×3-9$

223.【A 3 9 J】
 $1×(3×11-9)$
 $1+3+9+11$

224.【A 3 9 Q】
 $1×(3+9+12)$
 $(9÷3-1)×12$
 $(12-1)×3-9$

225.【A 3 9 K】
 $3-1+9+13$

226.【A 3 10 10】
 $1+3+10+10$

227.【A 3 10 J】
 $1×3+10+11$
 $1+3×11-10$

228.【A 3 10 Q】
 $3-1+10+12$

229.【A 3 10 K】
 无解

230.【A 3 J J】
 $11+11-1+3$

231.【A 3 J Q】
 $3×12-1-11$
 $(1+11)×3-12$

232.【A 3 J K】
 无解

233.【A 3 Q Q】
1×(3×12 - 12)
3×12 - 1×12

234.【A 3 Q K】
1 + 3×12 - 13
(13 - 1)×3 - 12

235.【A 3 K K】
1 + 13 + 13 - 3

236.【A 4 4 4】
(4 - 1)×(4 + 4)
(1 + 4)×4 + 4

237.【A 4 4 5】
1×4 + 5×4

238.【A 4 4 6】
(1 + 6)×4 - 4
(6 - 1)×4 + 4

239.【A 4 4 7】
4×7 - 1×4
1×(4×7 - 4)
1 + 7 + 4×4

240.【A 4 4 8】
(8 - 1)×4 - 4
1×4×4 + 8
1×8 + 4×4

241.【A 4 4 9】
4×4 + 9 - 1

(1 + 9 - 4)×4

242.【A 4 4 10】
1×4×(10 - 4)

243.【A 4 4 J】
(11 - 1 - 4)×4

244.【A 4 4 Q】
(4 - 1)×(12 - 4)
(1 + 4÷4)×12
(4 - 1)×4 + 12

245.【A 4 4 K】
无解

246.【A 4 5 5】
(5 - 1)×5 + 4
4×5 - 1 + 5

247.【A 4 5 6】
6÷(5÷4-1)
4÷(1-5÷6)

248.【A 4 5 7】
(5 - 1)×7 - 4
4×7 - (5 - 1)

249.【A 4 5 8】
(5 - 1)×4 + 8
(1 + 5)×(8 - 4)

250.【A 4 5 9】
(4 - 1)×5 + 9
(9 - 4)×5 - 1

251.【A 4 5 10】
(1 + 10 − 5) × 4
(5 − 1) × (10 − 4)

252.【A 4 5 J】
(11 − 1 × 5) × 4

253.【A 4 5 Q】
(12 − 1 + 5) × 4
(1 + 5 − 4) × 12

254.【A 4 5 K】
(4 − 1) × (13 − 5)

255.【A 4 6 6】
(4 − 1) × 6 + 6
(1 + 4) × 6 − 6

256.【A 4 6 7】
(1 + 7 − 4) × 6

257.【A 4 6 8】
(8 − 1 × 4) × 6
(1 + 6 − 4) × 8

258.【A 4 6 9】
(9 − 1 − 4) × 6

259.【A 4 6 10】
(4 − 1) × 10 − 6

260.【A 4 6 J】
(1 + 11) × (6 − 4)
(1 + 11 − 6) × 4

261.【A 4 6 Q】
1 × (12 − 6) × 4
(1 × 6 − 4) × 12
12 ÷ (4 − 1) × 6

262.【A 4 6 K】
(13 − 1) × (6 − 4)
(13 − 6 − 1) × 4
1 + 4 + 6 + 13

263.【A 4 7 7】
(1 + 7) × (7 − 4)

264.【A 4 7 8】
(7 − 1 × 4) × 8
1 × 8 × (7 − 4)
(1 + 7) × 4 − 8
4 × 8 − 1 − 7

265.【A 4 7 9】
(9 − 1) × (7 − 4)

266.【A 4 7 10】
无解

267.【A 4 7 J】
(1 + 4) × 7 − 11

268.【A 4 7 Q】
1 + 12 + 4 + 7
(7 − 1 + 4) × 12
(1 + 12 − 7) × 4

269.【A 7 4 K】
1×7 + 4 + 13
(13 − 1×7)×4
1×4×(13 − 7)

270.【A 4 8 8】
(8 − 4 − 1)×8
1×4×8 − 8

271.【A 4 8 9】
(9 − 1)×4 − 8
1 + 4×8 − 9
8×9÷(4 − 1)

272.【A 4 8 10】
无解

273.【A 4 8 J】
(1 + 11)÷4×8
1 + 4 + 8 + 11

274.【A 4 8 Q】
1×(4 + 12 + 8)
8×12÷1÷4
(1 + 8)×4 − 12

275.【A 4 8 K】
(1 + 13 − 8)×4
8 − 1 + 4 + 13
(13 − 1)×8÷4

276.【A 4 9 9】
无解

277.【A 4 9 10】
1 + 4 + 9 + 10

278.【A 4 9 J】
1×9 + 11 + 4
(4 − 1)×11 − 9
4×9 − 1 − 11

279.【A 4 9 Q】
1×(4×9 − 12)
4 + 9 + 12 − 1
(9 − 1)×12÷4

280.【A 4 9 K】
1 + 4×9 − 13

281.【A 4 10 10】
1×4 + 10 + 10

282.【A 4 10 J】
4 + 10 + 11 − 1

283.【A 4 10 Q】
12×10÷(1 + 4)
(10 − 1)×4 − 12

284.【A 4 10 K】
无解

285.【A 4 J J】
无解

286.【A 4 J Q】
无解

287.【A 4 J K】
无解

288.【A 4 Q Q】
(4 − 1) × 12 − 12
(12 ÷ 4 − 1) × 12

289.【A 4 Q K】
无解

290.【A 4 K K】
无解

291.【A 5 5 5】
(5 − 1 ÷ 5) × 5

292.【A 5 5 6】
5 × 6 − 1 − 5
(1 + 5) × 5 − 6

293.【A 5 5 7】
无解

294.【A 5 5 8】
无解

295.【A 5 5 9】
(1 + 5) × (9 − 5)

296.【A 5 5 10】
(10 − 5) × 5 − 1

297.【A 5 5 J】
(5 − 1) × (11 − 5)

298.【A 5 5 Q】
(1 + 5 ÷ 5) × 12

299.【A 5 5 K】
1 + 5 + 5 + 13

300.【A 5 6 6】
6 ÷ 1 × 5 − 6
5 × 6 − 1 × 6

301.【A 5 6 7】
5 × 6 − (7 − 1)
(7 − 1) × 5 − 6

302.【A 5 6 8】
(1 + 8 − 5) × 6

303.【A 5 6 9】
(9 − 1 × 5) × 6

304.【A 5 6 10】
(10 − 1 − 5) × 6
(1 + 5) × (10 − 6)

305.【A 5 6 J】
(1 + 6) × 5 − 11
5 × (11 − 6) − 1

306.【A 5 6 Q】
(1 + 5) × 6 − 12
(5 − 1) × (12 − 6)
(1 + 6 − 5) × 12
1 + 5 + 6 + 12

307.【A 5 6 K】
　　$1 \times (5 + 6 + 13)$

308.【A 5 7 7】
　　无解

309.【A 5 7 8】
　　$(1 + 7 - 5) \times 8$
　　$(1 + 7) \times (8 - 5)$

310.【A 5 7 9】
　　$(7 - 1) \times (9 - 5)$

311.【A 5 7 10】
　　$5 \times 7 - 1 - 10$

312.【A 5 7 J】
　　$1 + 5 + 11 + 7$
　　$(1 + 11) \times (7 - 5)$
　　$1 \times 5 \times 7 - 11$
　　$(1 + 5) \times (11 - 7)$

313.【A 5 7 Q】
　　$1 \times 7 + 12 + 5$
　　$1 \times (5 + 7) + 12$
　　$(1 \times 7 - 5) \times 12$
　　$5 \times (12 - 7) - 1$

314.【A 5 7 K】
　　$5 - 1 + 13 + 7$
　　$(13 - 1) \times (7 - 5)$
　　$(5 - 1) \times (13 - 7)$

315.【A 5 8 8】
　　$(8 - 1 \times 5) \times 8$
　　$(5 - 1) \times 8 - 8$

316.【A 5 8 9】
　　$(9 - 5 - 1) \times 8$
　　$(9 - 1) \times (8 - 5)$

317.【A 5 8 10】
　　$(1 + 10 \div 5) \times 8$
　　$1 + 5 + 8 + 10$

318.【A 5 8 J】
　　$1 \times (8 + 11) + 5$
　　$(8 - 1) \times 5 - 11$

319.【A 5 8 Q】
　　$8 - 1 + 5 + 12$
　　$12 \times 8 \div (5 - 1)$
　　$(1 + 5) \times (12 - 8)$
　　$(8 - 1 - 5) \times 12$

320.【A 5 8 K】
　　$5 \times (13 - 8) - 1$

321.【A 5 9 9】
　　$1 + 5 + 9 + 9$

322.【A 5 9 10】
　　$1 \times (5 + 9 + 10)$

323.【A 5 9 J】
　　$9 - 1 + 5 + 11$

324.【A 5 9 Q】
(5 - 1) × 9 - 12
(1 + 9) × 12 ÷ 5

325.【A 5 9 K】
(1 + 5) × (13 - 9)

326.【A 5 10 10】
5 - 1 + 10 + 10

327.【A 5 10 J】
(1 + 11) × 10 ÷ 5

328.【A 5 10 Q】
1 × 10 × 12 ÷ 5

329.【A 5 10 K】
(13 - 1) × 10 ÷ 5

330.【A 5 J J】
(11 × 11 - 1) ÷ 5

331.【A 5 J Q】
(11 - 1) × 12 ÷ 5

332.【A 5 J K】
无解

333.【A 5 Q Q】
12 × 12 ÷ (1 + 5)

334.【A 5 Q K】
无解

335.【A 5 K K】
无解

336.【A 6 6 6】
(6 - 1) × 6 - 6

337.【A 6 6 7】
无解

338.【A 6 6 8】
6 ÷ (1 - 6 ÷ 8)

339.【A 6 6 9】
(1 + 9 - 6) × 6

340.【A 6 6 10】
1 × (10 - 6) × 6

341.【A 6 6 J】
1 + 6 + 11 + 6
(11 - 6 - 1) × 6
6 × 6 - 11 - 1

342.【A 6 6 Q】
1 × (6 + 6 + 12)
1 × (6 × 6 - 12)
(1 + 6 ÷ 6) × 12

343.【A 6 6 K】
1 + 6 × 6 - 13
13 - 1 + 6 + 6

344.【A 6 7 7】
无解

345.【A 6 7 8】
无解

346.【A 6 7 9】
(1 + 7) × (9 - 6)

347.【A 6 7 10】
(1 + 10 - 7) × 6
1 + 6 + 7 + 10
(7 - 1) × (10 - 6)

348.【A 6 7 J】
1 × (6 + 7 + 11)
1 × (11 - 7) × 6
(6 - 1) × 7 - 11

349.【A 6 7 Q】
(12 - 1 - 7) × 6
6 + 7 + 12 - 1
(1 + 7 - 6) × 12
(7 - 1) × 6 - 12

350.【A 6 7 K】
无解

351.【A 6 8 8】
(1 + 8 - 6) × 8

352.【A 6 8 9】
(9 - 1 × 6) × 8
1 + 9 + 6 + 8

353.【A 6 8 10】
1 × (6 + 10 + 8)
(10 - 6 - 1) × 8

354.【A 6 8 J】
6 - 1 + 8 + 11
(1 + 11 - 8) × 6
(1 + 11) × (8 - 6)

355.【A 6 8 Q】
(12 - 1 × 8) × 6
(8 ÷ 1 - 6) × 12
(1 + 12 ÷ 6) × 8

356.【A 6 8 K】
(13 - 1 + 8) × 6
(13 - 1) × (8 - 6)

357.【A 6 9 9】
1 × 9 + 6 + 9
(9 - 1) × (9 - 6)

358.【A 6 9 10】
6 + 9 + 10 - 1

359.【A 6 9 J】
无解

360.【A 6 9 Q】
(9 - 1 - 6) × 12
(1 + 12 - 9) × 6

361.【A 6 9 K】
6 × (13 - 9) ÷ 1

362.【A 6 10 10】
无解

363.【A 6 10 J】
无解

364.【A 6 10 Q】
$10 \div (6 - 1) \times 12$

365.【A 6 10 K】
$(1 + 13 - 10) \times 6$

366.【A 6 J J】
无解

367.【A 6 J Q】
$(1 + 11) \times 12 \div 6$

368.【A 6 J K】
$(1 + 11 \times 13) \div 6$

369.【A 6 Q Q】
$1 \times 12 \div 6 \times 12$

370.【A 6 Q K】
$(13 - 1) \div 6 \times 12$

371.【A 6 K K】
无解

372.【A 7 7 7】
无解

373.【A 7 7 8】
无解

374.【A 7 7 9】
$1 + 7 + 7 + 9$

375.【A 7 7 10】
$1 \times 7 + 7 + 10$
$(1 + 7) \times (10 - 7)$

376.【A 7 7 J】
$7 + 7 + 11 - 1$
$(7 - 1) \times (11 - 7)$

377.【A 7 7 Q】
$(1 + 7 \div 7) \times 12$

378.【A 7 7 K】
无解

379.【A 7 8 8】
$1 + 7 + 8 + 8$

380.【A 7 8 9】
$(1 + 9 - 7) \times 8$
$1 \times (7 + 8 + 9)$

381.【A 7 8 10】
$8 - 1 + 10 + 7$
$1 \times (10 - 7) \times 8$

382.【A 7 8 J】
$(1 + 7) \times (11 - 8)$
$(11 - 1 - 7) \times 8$

383.【A 7 8 Q】
$(7 - 1) \times (12 - 8)$

(1 + 8 − 7) × 12

384.【A 7 8 K】
无解

385.【A 7 9 9】
7 − 1 + 9 + 9

386.【A 7 9 10】
(9 − 1) × (10 − 7)

387.【A 7 9 J】
(1 + 11) × (9 − 7)

388.【A 7 9 Q】
(1 × 9 − 7) × 12
(1 + 7) × (12 − 9)

389.【A 7 9 K】
(7 − 1) × (13 − 9)
(13 − 1) × (9 − 7)

390.【A 7 10 10】
无解

391.【A 7 10 J】
无解

392.【A 7 10 Q】
(10 − 1 − 7) × 12
(10 − 7 − 1) × 12

393.【A 7 10 K】
(1 + 7) × (13 − 10)

394.【A 7 J J】
无解

395.【A 7 J Q】
无解

396.【A 7 J K】
无解

397.【A 7 Q Q】
12 × 12 ÷ (7 − 1)

398.【A 7 Q K】
(1 + 13) ÷ 7 × 12

399.【A 7 K K】
(13 × 13 − 1) ÷ 7

400.【A 8 8 8】
1 × 8 + 8 + 8

401.【A 8 8 9】
8 + 8 + 9 − 1

402.【A 8 8 10】
(1 + 10 − 8) × 8

403.【A 8 8 J】
(1 × 11 − 8) × 8

404.【A 8 8 Q】
(12 − 8 − 1) × 8
(1 + 8 ÷ 8) × 12

405.【A 8 8 K】
无解

406.【A 8 9 9】
无解

407.【A 8 9 10】
无解

408.【A 8 9 J】
(1 + 11 − 9) × 8
(9 − 1) × (11 − 8)

409.【A 8 9 Q】
(1 + 9 − 8) × 12
1 × 8 × (12 − 9)

410.【A 8 9 K】
(13 − 9 − 1) × 8

411.【A 8 10 10】
无解

412.【A 8 10 J】
(1 + 11) × (10 − 8)

413.【A 8 10 Q】
1 × 12 × (10 − 8)
(1 + 12 − 10) × 8

414.【A 8 10 K】
1 × 8 × (13 − 10)
(13 − 1) × (10 − 8)

415.【A 8 J J】
无解

416.【A 8 J Q】
(11 − 1 − 8) × 12

417.【A 8 J K】
(1 + 13 − 11) × 8

418.【A 8 Q Q】
12 ÷ (12 ÷ 8 − 1)

419.【A 8 Q K】
无解

420.【A 8 K K】
无解

421.【A 9 9 9】
无解

422.【A 9 9 10】
无解

423.【A 9 9 J】
无解

424.【A 9 9 Q】
(9 − 1) × (12 − 9)
(1 + 9 ÷ 9) × 12

425.【A 9 9 K】
无解

426.【A 9 10 10】
无解

427.【A 9 10 J】
无解

428.【A 9 10 Q】
(1 + 10 − 9) × 12

429.【A 9 10 K】
(9 − 1) × (13 − 10)

430.【A 9 J J】
(1 + 11) × (11 − 9)

431.【A 9 J Q】
(11 − 1 × 9) × 12

432.【A 9 J K】
(13 − 1) × (11 − 9)

433.【A 9 Q Q】
(12 − 9 − 1) × 12

434.【A 9 Q K】
无解

435.【A 9 K K】
无解

436.【A 10 10 10】
无解

437.【A 10 10 J】
无解

438.【A 10 10 Q】
(1 + 10 ÷ 10) × 12

439.【A 10 10 K】
无解

440.【A 10 J J】
无解

441.【A 10 J Q】
(1 + 11 − 10) × 12
(1 + 11) × (12 − 10)

442.【A 10 J K】
无解

443.【A 10 Q Q】
1 × 12 × (12 − 10)

444.【A 10 Q K】
(13 − 10 − 1) × 12
(13 − 1) × (12 − 10)

445.【A 10 K K】
无解

446.【A J J J】
无解

447.【A J J Q】
(1 + 11 ÷ 11) × 12

448.【A J J K】
(1 + 11) × (13 − 11)

449.【A J Q Q】
$(1 + 12 - 11) \times 12$

450.【A J Q K】
$1 \times (13 - 11) \times 12$

451.【A J K K】
$(13 - 1) \times (13 - 11)$

452.【A Q Q Q】
$(1 + 12 \div 12) \times 12$

453.【A Q Q K】
$(1 + 13 - 12) \times 12$

454.【A Q K K】
$(1 + 13 \div 13) \times 12$

455.【A K K K】
无解

456.【2 2 2 2】
无解

457.【2 2 2 3】
$2 \times (2 + 2) \times 3$
$2 \times 2 \times 2 \times 3$

458.【2 2 2 4】
$(2 + 4) \times 2 \times 2$
$(2 \times 2 + 2) \times 4$

459.【2 2 2 5】
$2 \times (2 \times 5 + 2)$

460.【2 2 2 6】
无解

461.【2 2 2 7】
$2 \times (2 \times 7 - 2)$

462.【2 2 2 8】
$2 \times (2 + 8 + 2)$
$(8 - 2) \times 2 \times 2$
$(2 \div 2 + 2) \times 8$

463.【2 2 2 9】
$2 \times (2 + 9) + 2$

464.【2 2 2 10】
$2 \times 2 + 10 \times 2$

465.【2 2 2 J】
$(2 \div 2 + 11) \times 2$
$2 \times (2 + 11) - 2$

466.【2 2 2 Q】
$2 \div 2 \times 12 \times 2$
$2 \times 12 + 2 - 2$
$(2 + 2) \times 12 \div 2$
$(2 \times 2 - 2) \times 12$

467.【2 2 2 K】
$(13 - 2 \div 2) \times 2$
$2 \times (13 - 2) + 2$

468.【2 2 3 3】
$(2 \times 3 + 2) \times 3$

2×(3 + 3)×2

469.【2 2 3 4】
(2 + 2 + 4)×3
(2×2 + 4)×3

470.【2 2 3 5】
(2×5 − 2)×3

471.【2 2 3 6】
(6 − 2)×2×3
2×(6 − 2)×3
(2÷2 + 3)×6
(2×3 − 2)×6

472.【2 2 3 7】
(2 + 7 + 3)×2
(2÷2 + 7)×3

473.【2 2 3 8】
2 + 3×8 − 2
2÷2×8×3
2×3×8÷2

474.【2 2 3 9】
(2 + 2)×(9 − 3)
2×9 + 2×3
(9 − 2÷2)×3

475.【2 2 3 10】
2×(3 + 10) − 2

476.【2 2 3 J】
(11 − 2 + 3)×2

477.【2 2 3 Q】
(12 − 2 − 2)×3
(3 − 2)×2×12
2×3×2 + 12

478.【2 2 3 K】
(2 + 13 − 3)×2

479.【2 2 4 4】
(2×4 + 4)×2
(2×4 − 2)×4

480.【2 2 4 5】
2 + 4×5 + 2
2×5×2 + 4
(5 − 2)×4×2

481.【2 2 4 6】
4×6 − 2 + 2
(2 + 4÷2)×6
(2 + 4)×(6 − 2)
(2 + 6 + 4)×2
4÷(2÷2)×6

482.【2 2 4 7】
2 + 2×(4 + 7)
4×7 − 2×2
4×7 − 2 − 2
2×7×2 − 4
(7 − 2÷2)×4

483.【2 2 4 8】
$2 \times 4 + 2 \times 8$
$2 \times 2 \times 4 + 8$
$(2 + 8) \times 2 + 4$
$(2 + 2) \times 4 + 8$
$(8 \div 2 + 2) \times 4$
$(2 + 4) \times 8 \div 2$
$(4 - 2 \div 2) \times 8$
$(2 + 8 \div 2) \times 4$

484.【2 2 4 9】
$2 + 4 + 2 \times 9$
$2 \times (4 + 9) - 2$

485.【2 2 4 10】
$2 \times (4 \div 2 + 10)$
$(2 + 2) \times (10 - 4)$
$(10 - 2 - 2) \times 4$

486.【2 2 4 J】
$4 \times 11 \div 2 + 2$
$2 \times 11 + 4 - 2$
$2 + (4 - 2) \times 11$

487.【2 2 4 Q】
$(2 + 12) \times 2 - 4$
$(12 - 2) \times 2 + 4$

488.【2 2 4 K】
$(4 - 2) \times 13 - 2$
$2 \times 13 - 4 + 2$
$4 \times 13 \div 2 - 2$

489.【2 2 5 5】
$2 \times (2 + 5 + 5)$
$5 \times 5 - 2 \div 2$

490.【2 2 5 6】
$(5 - 2) \times (2 + 6)$
$(5 - 2 \div 2) \times 6$

491.【2 2 5 7】
$2 \times 5 + 2 \times 7$

492.【2 2 5 8】
$2 \times (5 + 8) - 2$

493.【2 2 5 9】
$(5 - 2 + 9) \times 2$

494.【2 2 5 10】
$(5 \times 10 - 2) \div 2$
$2 \times (2 + 5) + 10$
$(10 - 2) \times (5 - 2)$

495.【2 2 5 J】
$2 \times 2 \times (11 - 5)$

496.【2 2 5 Q】
$2 + 12 + 2 \times 5$

497.【2 2 5 K】
无解

498.【2 2 6 6】
6÷2×(2+6)
2×6+2×6

499.【2 2 6 7】
(2+7)×2+6
2×(6+7)-2

500.【2 2 6 8】
(2+6)×2+8
(8-2-2)×6
(6-2)×(8-2)

501.【2 2 6 9】
2×(2×9-6)
2×(6÷2+9)

502.【2 2 6 10】
2×10-2+6
2+2×6+10
(10-2)÷2×6

503.【2 2 6 J】
2×(11-2)+6

504.【2 2 6 Q】
(6-2)÷2×12
(6-2+2)×12
(12÷2-2)×6

505.【2 2 6 K】
2×(2+13)-6

506.【2 2 7 7】
2×(7-2+7)

507.【2 2 7 8】
2+2×7+8
(7-2×2)×8

508.【2 2 7 9】
无解

509.【2 2 7 10】
(10÷2+7)×2

510.【2 2 7 J】
无解

511.【2 2 7 Q】
2×7+12-2

512.【2 2 7 K】
2×2×(13-7)
2+2+7+13

513.【2 2 8 8】
(8-2)×8÷2
(2+2)×8-8
(8÷2+8)×2

514.【2 2 8 9】
2×9-2+8

515.【2 2 8 10】
(10-2)×2+8
8÷2+2×10
10-2+2×8
2×(2×10-8)

516. 【2 2 8 J】
无解

517. 【2 2 8 Q】
8×12÷(2 + 2)
2 + 2 + 8 + 12
(8÷2 − 2)×12

518. 【2 2 8 K】
无解

519. 【2 2 9 9】
无解

520. 【2 2 9 10】
2×(9 − 2) + 10

521. 【2 2 9 J】
2 + 2 + 9 + 11
2×2 + 9 + 11

522. 【2 2 9 Q】
2×2×9 − 12
12÷2 + 2×9

523. 【2 2 9 K】
无解

524. 【2 2 10 10】
2 + 2 + 10 + 10

525. 【2 2 10 J】
(2×11 − 10)×2

526. 【2 2 10 Q】
无解

527. 【2 2 10 K】
2÷2 + 10 + 13

528. 【2 2 J J】
(2÷11+2)×11

529. 【2 2 J Q】
2÷2 + 11 + 12

530. 【2 2 J K】
2×11÷2 + 13
(11 + 13)÷(2÷2)

531. 【2 2 Q Q】
(12 + 12)÷(2÷2)
12 + 12 − 2 + 2

532. 【2 2 Q K】
12 + 13 − 2÷2

533. 【2 2 K K】
(2−2÷13)×13

534. 【2 3 3 3】
(2 + 3 + 3)×3
2×(3 + 3×3)

535. 【2 3 3 4】
无解

536. 【2 3 3 5】
2×(3×5 − 3)

(2 + 5) × 3 + 3

537.【2 3 3 6】
(6 − 2) × (3 + 3)
2 × (3 + 6 + 3)
(3 + 3 − 2) × 6

538.【2 3 3 7】
(7 − 2 + 3) × 3
2 × 3 × (7 − 3)
(2 + 7) × 3 − 3

539.【2 3 3 8】
(3 − 2) × 3 × 8
(2 + 3 ÷ 3) × 8
(3 + 3) × 8 ÷ 2

540.【2 3 3 9】
(9 − 2) × 3 + 3
(2 + 3) × 3 + 9
(2 + 9 − 3) × 3

541.【2 3 3 10】
10 × 3 − 2 × 3
(10 ÷ 2 + 3) × 3

542.【2 3 3 J】
(11 − 2) × 3 − 3
2 × (3 ÷ 3 + 11)

543.【2 3 3 Q】
2 × 12 + 3 − 3
2 × 12 ÷ (3 ÷ 3)

2 × 3 × 12 ÷ 3

544.【2 3 3 K】
(13 − 3 − 2) × 3
2 × (13 − 3 ÷ 3)
2 + 13 + 3 × 3
(3 + 13) ÷ 2 × 3

545.【2 3 4 4】
4 ÷ 2 × 4 × 3
(4 − 2) × 3 × 4
(2 + 3) × 4 + 4

546.【2 3 4 5】
(3 − 2 + 5) × 4
2 × (3 + 4 + 5)

547.【2 3 4 6】
2 + 4 + 3 × 6
6 × 4 ÷ (3 − 2)
(6 ÷ 2 + 3) × 4
(2 × 6 − 4) × 3

548.【2 3 4 7】
2 × (3 + 7) + 4
(2 + 7 − 3) × 4
(2 + 4) × (7 − 3)

549.【2 3 4 8】
(2 + 4 − 3) × 8
2 × (8 − 4) × 3
2 × 3 × (8 − 4)

550.【2 3 4 9】
 $(3 + 9) \div 2 \times 4$
 $2 \times 4 \times 9 \div 3$

551.【2 3 4 10】
 $3 \times 10 - 2 - 4$
 $(2 + 10 - 4) \times 3$
 $2 \times (3 + 4) + 10$

552.【2 3 4 J】
 $(11 - 2 - 3) \times 4$
 $2 \times (11 - 3 + 4)$

553.【2 3 4 Q】
 $(2 + 12 \div 3) \times 4$
 $2 \times 12 \div (4 - 3)$
 $(12 - 2 \times 3) \times 4$

554.【2 3 4 K】
 $2 \times (3 + 13 - 4)$
 $2 \times 4 + 3 + 13$
 $2 \times (13 - 3) + 4$

555.【2 3 5 5】
 $5 \times 5 - (3 - 2)$
 $(5 - 2 + 5) \times 3$
 $(5 - 2) \times (3 + 5)$

556.【2 3 5 6】
 $5 \times 6 - 2 \times 3$
 $(3 + 5) \times 6 \div 2$
 $2 \times (5 - 3) \times 6$

557.【2 3 5 7】
 $5 - 2 + 3 \times 7$
 $(5 - 2) \times 7 + 3$

558.【2 3 5 8】
 $2 \times (3 + 5) + 8$
 $2 \times 8 + 3 + 5$

559.【2 3 5 9】
 $(5 - 2) \times 9 - 3$
 $2 \times 3 \times (9 - 5)$
 $3 \times 9 - (5 - 2)$

560.【2 3 5 10】
 $(2 + 10) \times (5 - 3)$
 $2 \times (10 - 3 + 5)$

561.【2 3 5 J】
 $3 \times 5 + 11 - 2$
 $(5 - 2) \times (11 - 3)$
 $(2 + 11 - 5) \times 3$

562.【2 3 5 Q】
 $12 \div (3 - 5 \div 2)$

563.【2 3 5 K】
 $2 \times 3 + 5 + 13$
 $(5 - 3) \times 13 - 2$

564.【2 3 6 6】
 $2 \times (3 \times 6 - 6)$
 $(2 + 3) \times 6 - 6$
 $(2 + 6) \times (6 - 3)$

$(2 + 6 \div 3) \times 6$

565.【2 3 6 7】
$(2 \times 7 - 6) \times 3$
$6 \div 2 + 3 \times 7$

566.【2 3 6 8】
$3 \times 6 + 8 - 2$
$(8 - 2) \times 3 + 6$
$(2 + 8) \times 3 - 6$

567.【2 3 6 9】
$(9 - 2 - 3) \times 6$
$2 \times (6 + 9 - 3)$
$(2 + 6) \times 9 \div 3$
$(6 - 2) \times (9 - 3)$

568.【2 3 6 10】
$2 \times (6 \div 3 + 10)$
$2 \times 3 \times (10 - 6)$
$(10 - 2) \times (6 - 3)$

569.【2 3 6 J】
$(11 - 3) \div 2 \times 6$

570.【2 3 6 Q】
$(2 + 12 - 6) \times 3$
$2 \times 3 + 12 + 6$
$(12 - 2) \times 3 - 6$
$(6 - 2) \times 3 + 12$

571.【2 3 6 K】
$2 + 3 + 6 + 13$
$2 \times 13 - 6 \div 3$
$6 \div 3 \times 13 - 2$

572.【2 3 7 7】
$2 \times 7 + 3 + 7$

573.【2 3 7 8】
$2 \times (7 + 8 - 3)$
$(2 + 7) \div 3 \times 8$
$(8 - 2) \times (7 - 3)$

574.【2 3 7 9】
$2 \times (3 \times 7 - 9)$
$3 \times (7 + 9) \div 2$

575.【2 3 7 10】
$2 \times 10 + 7 - 3$

576.【2 3 7 J】
$3 \times 11 - 2 - 7$
$2 \times 3 + 11 + 7$
$2 \times 3 \times (11 - 7)$

577.【2 3 7 Q】
$(7 - 2 - 3) \times 12$
$(7 - 3) \div 2 \times 12$
$2 + 3 + 7 + 12$

578.【2 3 7 K】
$2 \times 7 + 13 - 3$
$(2 + 13 - 7) \times 3$

579.【2 3 8 8】
(8 - 3 - 2)×8
(2×8 - 8)×3
3×(8 + 8)÷2

580.【2 3 8 9】
8÷2×(9 - 3)
(9 - 2×3)×8

581.【2 3 8 10】
2×3 + 8 + 10
2 + 3×10 - 8

582.【2 3 8 J】
2×(11 - 3) + 8
(11 - 2)÷3×8
2 + 3 + 8 + 11

583.【2 3 8 Q】
(8 - 2)÷3×12
(12 - 8÷2)×3
2×(12 - 8)×3
2×3×(12 - 8)

584.【2 3 8 K】
2×(3 + 13) - 8

585.【2 3 9 9】
2×(9÷3 + 9)
(2 + 9)×3 - 9
2×9 - 3 + 9
2×3 + 9 + 9

586.【2 3 9 10】
(10 - 2)×9÷3
3×10÷2 + 9
2 + 3 + 9 + 10
(2×9 - 10)×3

587.【2 3 9 J】
无解

588.【2 3 9 Q】
2×(9 - 3) + 12

589.【2 3 9 K】
2×3×(13 - 9)
(3×13 + 9)÷2
2×(13 - 9)×3
(13 - 2)×3 - 9

590.【2 3 10 10】
2×(10 - 3) + 10

591.【2 3 10 J】
无解

592.【2 3 10 Q】
3×10 - 12÷2
12×10÷(2 + 3)
(2×10 - 12)×3
3×12 - 10 - 2

593.【2 3 10 K】
3 + 10 + 13 - 2
(13 - 10÷2)×3

594.【2 3 J J】
2 + 3 × 11 − 11

595.【2 3 J Q】
3 + 11 + 12 − 2

596.【2 3 J K】
(3 − 2) × 11 + 13
(3 − 2) × (11 + 13)

597.【2 3 Q Q】
(3 × 12 + 12) ÷ 2
(3 − 2) × 12 + 12
(12 + 12) ÷ (3 − 2)

598.【2 3 Q K】
2 + 12 + 13 − 3

599.【2 3 K K】
3 × 13 − 13 − 2

600.【2 4 4 4】
(4 + 4 − 2) × 4
2 × 4 + 4 × 4
2 × (4 + 4 + 4)

601.【2 4 4 5】
(2 × 5 − 4) × 4
(5 − 2) × (4 + 4)
(2 + 5) × 4 − 4

602.【2 4 4 6】
6 ÷ 2 × (4 + 4)
(4 + 4) × 6 ÷ 2
(2 × 4 − 4) × 6
2 × (4 + 6) + 4

603.【2 4 4 7】
2 × (7 − 4) × 4
(7 − 2) × 4 + 4

604.【2 4 4 8】
8 × 4 − 2 × 4
(4 − 2) × (8 + 4)
(2 + 4 ÷ 4) × 8
(2 + 4) × (8 − 4)

605.【2 4 4 9】
(9 − 2) × 4 − 4

606.【2 4 4 10】
4 ÷ 2 × 10 + 4
4 × 4 − 2 + 10
(4 − 2) × 10 + 4

607.【2 4 4 J】
(4 + 4 × 11) ÷ 2
2 × (4 ÷ 4 + 11)

608.【2 4 4 Q】
2 × 4 × 12 ÷ 4
2 × 12 + 4 − 4
2 × (12 − 4 + 4)
(12 − 4 − 2) × 4

609.【2 4 4 K】
$(4 \times 13 - 4) \div 2$
$2 \times (13 - 4 \div 4)$

610.【2 4 5 5】
$2 \times (5 + 5) + 4$

611.【2 4 5 6】
$4 \times 5 - 2 + 6$
$2 \times (4 + 5) + 6$
$(2 + 4) \times 5 - 6$
$5 \times 6 - 2 + 4$

612.【2 4 5 7】
$4 \div 2 \times (7 + 5)$
$(4 - 2) \times (7 + 5)$

613.【2 4 5 8】
$2 \times 4 \times (8 - 5)$
$8 \div 2 + 4 \times 5$
$5 \times 8 \div 2 + 4$
$(2 + 5 - 4) \times 8$

614.【2 4 5 9】
$(2 + 9 - 5) \times 4$
$(2 + 4) \times (9 - 5)$

615.【2 4 5 10】
$2 \times 5 + 4 + 10$

616.【2 4 5 J】
$2 \times (11 - 4 + 5)$
$2 \times 4 + 5 + 11$

617.【2 4 5 Q】
$2 \times (5 - 4) \times 12$
$(5 - 2) \times 4 + 12$
$(5 - 2) \times (12 - 4)$

618.【2 4 5 K】
$2 \times (4 + 13 - 5)$
$(13 - 5 - 2) \times 4$
$2 + 4 + 5 + 13$

619.【2 4 6 6】
$(6 - 4 \div 2) \times 6$
$(4 - 2) \times (6 + 6)$
$(6 + 6) \div 2 \times 4$

620.【2 4 6 7】
$2 \times 7 + 4 + 6$
$(6 - 2) \times 7 - 4$
$2 + 4 \times 7 - 6$
$(2 + 6) \times (7 - 4)$

621.【2 4 6 8】
$4 \times 8 - 6 - 2$
$8 \div (4 \div 2) \times 6$
$8 \times 6 \div (4 \div 2)$

622.【2 4 6 9】
$2 \times 4 \times (9 - 6)$
$(9 - 6 \div 2) \times 4$
$4 \times 9 - 2 \times 6$

623.【2 4 6 10】

(2 + 10 − 6) × 4
2 × 4 + 10 + 6
(2 + 10) × (6 − 4)

624.【2 4 6 J】
2 + (6 − 4) × 11
2 × 11 + 6 − 4
2 × (4 + 11) − 6

625.【2 4 6 Q】
(12 − 4) ÷ 2 × 6
2 + 4 + 6 + 12
(2 + 6) × 12 ÷ 4
(12 − 4) × 6 ÷ 2

626.【2 4 6 K】
(6 − 4) × 13 − 2
2 × 13 − 6 + 4
2 × (13 − 4) + 6

627.【2 4 7 7】
2 × (7 + 7) − 4

628.【2 4 7 8】
4 × 7 − 8 ÷ 2
(2 × 7 − 8) × 4
7 × 8 ÷ 2 − 4

629.【2 4 7 9】
2 × (7 − 4 + 9)
2 × 4 + 7 + 9

630.【2 4 7 10】
2 × (10 − 7) × 4
4 ÷ 2 × 7 + 10
(4 − 2) × 7 + 10
(10 − 2) × (7 − 4)

631.【2 4 7 J】
2 + 4 + 7 + 11
(2 + 4) × (11 − 7)
(2 + 11 − 7) × 4

632.【2 4 7 Q】
(2 + 7) × 4 − 12

633.【2 4 7 K】
无解

634.【2 4 8 8】
(4 − 2) × 8 + 8
2 × (8 + 8 − 4)
(8 − 2) × (8 − 4)

635.【2 4 8 9】
(9 − 2 − 4) × 8

636.【2 4 8 10】
2 × (8 ÷ 4 + 10)
8 ÷ 2 × (10 − 4)
(2 × 8 − 10) × 4
2 + 4 + 10 + 8

637.【2 4 8 J】
(11 − 2 × 4) × 8
2 × 4 × (11 − 8)

638.【2 4 8 Q】
 (8 − 4)÷2×12
 (8 − 2 − 4)×12
 (2 + 12 − 8)×4
 (2 + 4)×(12 − 8)

639.【2 4 8 K】
 8÷4×13 − 2

640.【2 4 9 9】
 2 + 4 + 9 + 9

641.【2 4 9 10】
 2×9 + 10 − 4
 4×9 − 2 − 10

642.【2 4 9 J】
 无解

643.【2 4 9 Q】
 (4×9 + 12)÷2
 2×4×(12 − 9)
 2×(12÷4 + 9)

644.【2 4 9 K】
 4 + 9 + 13 − 2
 (2 + 4)×(13 − 9)
 (2 + 13 − 9)×4

645.【2 4 10 10】
 (4÷10+2)×10

646.【2 4 10 J】
 2×(11 − 4) + 10
 4×11 − 2×10
 (11 − 10÷2)×4

647.【2 4 10 Q】
 4÷2 + 10 + 12
 4 + 10 + 12 − 2
 (10 − 2)×12÷4

648.【2 4 10 K】
 2×4×(13 − 10)

649.【2 4 J J】
 4÷2 + 11 + 11
 11 + 11 − 2 + 4

650.【2 4 J Q】
 (11 − 2)×4 − 12

651.【2 4 J K】
 无解

652.【2 4 Q Q】
 4×12 − 2×12
 (12 − 12÷2)×4
 12÷(2 + 4)×12

653.【2 4 Q K】
 无解

654.【2 4 K K】
 13 + 13 − (4 − 2)
 13 − 4÷2 + 13

655.【2 5 5 5】
无解

656.【2 5 5 6】
无解

657.【2 5 5 7】
2×7＋5＋5

658.【2 5 5 8】
(2＋5÷5)×8

659.【2 5 5 9】
2×5＋5＋9
(5－2)×5＋9

660.【2 5 5 10】
(5－2÷10)×5

661.【2 5 5 J】
2×(5÷5＋11)
(2＋5)×5－11

662.【2 5 5 Q】
(2＋5－5)×12
2×12×5÷5
2＋12＋5＋5

663.【2 5 5 K】
(5－2)×(13－5)
2×(5×5－13)
2×(13－5÷5)

664.【2 5 6 6】
(2×5－6)×6
(5－2)×6＋6

665.【2 5 6 7】
2×(7－5)×6
2×6×(7－5)
(2＋7－5)×6

666.【2 5 6 8】
(2＋6－5)×8
2×5＋6＋8
(2＋6)×(8－5)

667.【2 5 6 9】
5×6÷2＋9

668.【2 5 6 10】
(5－2)×10－6
2×6×10÷5
2×(5＋10)－6
(2＋10÷5)×6

669.【2 5 6 J】
2×(6－5＋11)
2＋5＋11＋6
(11－2－5)×6
(6－2)×(11－5)

670.【2 5 6 Q】
5×12÷2－6
2×12÷(6－5)
12×6÷(5－2)
12÷(5－2)×6

671. 【2 5 6 K】
$2 \times (5 + 13 - 6)$
$6 \div 2 \times (13 - 5)$
$(13 - 5) \div 2 \times 6$

672. 【2 5 7 7】
$2 \times 5 + 7 + 7$

673. 【2 5 7 8】
$(2 \times 5 - 7) \times 8$

674. 【2 5 7 9】
$5 \times 7 - 2 - 9$

675. 【2 5 7 10】
$2 + 5 + 7 + 10$
$2 \times (7 + 10 - 5)$
$(2 + 10) \times (7 - 5)$

676. 【2 5 7 J】
$2 + (7 - 5) \times 11$
$2 \times 11 - 5 + 7$
$(5 \times 11 - 7) \div 2$

677. 【2 5 7 Q】
无解

678. 【2 5 7 K】
$5 \times 7 - (13 - 2)$
$(7 - 5) \times 13 - 2$

679. 【2 5 8 8】
$5 \times 8 - 2 \times 8$
$(5 \times 8 + 8) \div 2$

680. 【2 5 8 9】
$2 + 8 + 5 + 9$
$2 \times (8 + 9 - 5)$
$(8 - 2) \times (9 - 5)$
$9 \times 8 \div (5 - 2)$

681. 【2 5 8 10】
$(10 - 5 - 2) \times 8$
$(10 - 2) \times (8 - 5)$

682. 【2 5 8 J】
$2 \times (5 + 11) - 8$
$(11 - 5) \times 8 \div 2$
$8 \div 2 \times (11 - 5)$

683. 【2 5 8 Q】
$(2 \times 5 - 8) \times 12$
$(2 + 8) \times 12 \div 5$

684. 【2 5 8 K】
$(13 - 2 \times 5) \times 8$
$5 + 8 + 13 - 2$
$(2 + 13) \div 5 \times 8$
$2 \times (13 - 8) + 8$

685. 【2 5 9 9】
无解

686. 【2 5 9 10】
$2 \times 10 - 5 + 9$

687.【2 5 9 J】
  $(5 - 2) \times 11 - 9$
  $2 \times 9 + 11 - 5$
  $(9 - 2) \times 5 - 11$

688.【2 5 9 Q】
  $5 + 9 + 12 - 2$
  $(9 - 5 - 2) \times 12$
  $(9 - 5) \div 2 \times 12$

689.【2 5 9 K】
  无解

690.【2 5 10 10】
  $(2 + 10) \times 10 \div 5$
  $2 \times (10 \div 5 + 10)$

691.【2 5 10 J】
  $2 + 10 \times 11 \div 5$
  $5 + 10 + 11 - 2$

692.【2 5 10 Q】
  $2 \times (5 + 12) - 10$
  $2 \times (12 - 5) + 10$

693.【2 5 10 K】
  $2 \times 13 - 10 \div 5$
  $10 \div 5 \times 13 - 2$
  $5 \times 10 - 2 \times 13$

694.【2 5 J J】
  无解

695.【2 5 J Q】
  $2 \times (11 - 5) + 12$

696.【2 5 J K】
  无解

697.【2 5 Q Q】
  $(12 - 2 \times 5) \times 12$
  $(5 \times 12 - 12) \div 2$
  $(12 - 2) \div 5 \times 12$
  $(5 - 2) \times 12 - 12$

698.【2 5 Q K】
  $2 \times (5 + 13) - 12$
  $12 \div 2 + 5 + 13$

699.【2 5 K K】
  无解

700.【2 6 6 6】
  $6 \div 2 \times 6 + 6$
  $6 \times 6 - 2 \times 6$
  $2 \times 6 + 6 + 6$
  $6 \times 6 \div 2 + 6$

701.【2 6 6 7】
  $(7 - 2) \times 6 - 6$
  $(6 + 6 \times 7) \div 2$
  $(7 - 6 \div 2) \times 6$

702.【2 6 6 8】
  $(2 + 6 \div 6) \times 8$
  $2 \times (8 - 6) \times 6$
  $2 \times 6 \times (8 - 6)$

703.【2 6 6 9】
(2 + 6) × (9 − 6)
2 × (6 + 9) − 6

704.【2 6 6 10】
6 × 10 ÷ 2 − 6
2 + 6 + 6 + 10
6 × 6 − 2 − 10

705.【2 6 6 J】
2 × (6 ÷ 6 + 11)

706.【2 6 6 Q】
(12 − 6 − 2) × 6
2 × 12 ÷ 6 × 6
(6 − 2) × (12 − 6)

707.【2 6 6 K】
2 × (13 − 6 ÷ 6)

708.【2 6 7 7】
无解

709.【2 6 7 8】
2 × (7 + 8) − 6
(2 + 7 − 6) × 8

710.【2 6 7 9】
(2 + 9 − 7) × 6
2 × 6 × (9 − 7)
2 + 6 + 7 + 9

711.【2 6 7 10】
(2 + 6) × (10 − 7)
(2 × 7 − 10) × 6

712.【2 6 7 J】
2 × (11 − 6 + 7)

713.【2 6 7 Q】
2 × (7 − 6) × 12

714.【2 6 7 K】
(13 − 2 + 7) × 6
(6 − 2) × (13 − 7)
6 + 7 + 13 − 2

715.【2 6 8 8】
(8 − 8 ÷ 2) × 6
(6 − 2) × 8 − 8
2 + 6 + 8 + 8

716.【2 6 8 9】
2 × 9 × 8 ÷ 6
(2 × 6 − 9) × 8

717.【2 6 8 10】
2 × (6 + 10) − 8
2 × (10 − 8) × 6
(2 + 10) × (8 − 6)

718.【2 6 8 J】
(11 − 2 − 6) × 8
2 + (8 − 6) × 11
(2 + 6) × (11 − 8)

719.【2 6 8 Q】
6 + 8 + 12 − 2
(8 − 2) × 6 − 12
(12 − 6) × 8 ÷ 2

720.【2 6 8 K】
2 × 13 − 8 + 6
6 ÷ 2 + 8 + 13
(8 − 6) × 13 − 2

721.【2 6 9 9】
2 × (9 + 9 − 6)

722.【2 6 9 10】
(10 − 2) × (9 − 6)
(9 − 10 ÷ 2) × 6

723.【2 6 9 J】
9 − 2 + 6 + 11
(2 + 11 − 9) × 6
2 × 6 × (11 − 9)

724.【2 6 9 Q】
2 × 9 + 12 − 6
6 ÷ 2 + 12 + 9
(6 − 2) × 9 − 12
(2 + 6) × (12 − 9)

725.【2 6 9 K】
无解

726.【2 6 10 10】
2 × 10 − 6 + 10
6 + 10 + 10 − 2

727.【2 6 10 J】
2 × (6 + 11) − 10
6 ÷ 2 + 10 + 11

728.【2 6 10 Q】
(6 × 10 − 12) ÷ 2
(10 − 2 + 6) × 12
2 × (12 − 10) × 6
(2 + 12 − 10) × 6

729.【2 6 10 K】
(2 + 6) × (13 − 10)
10 ÷ 2 + 13 + 6
2 × (13 − 6) + 10

730.【2 6 J J】
无解

731.【2 6 J Q】
2 × 11 + 12 ÷ 6
2 + 12 ÷ 6 × 11

732.【2 6 J K】
2 × 6 × (13 − 11)
(2 + 13 − 11) × 6

733.【2 6 Q Q】
2 × (6 + 12) − 12
12 ÷ 2 + 12 + 6
2 × (12 − 6) + 12

734.【2 6 Q K】
12×13÷6 - 2
2×13 - 12÷6

735.【2 6 K K】
无解

736.【2 7 7 7】
无解

737.【2 7 7 8】
(2 + 7÷7)×8
2 + 7 + 7 + 8

738.【2 7 7 9】
无解

739.【2 7 7 10】
(10÷7+2)×7

740.【2 7 7 J】
(7 - 2)×7 - 11
2×(7÷7 + 11)

741.【2 7 7 Q】
7 + 7 + 12 - 2
2×12 - 7 + 7
2×(7 - 7 + 12)
2×12×7÷7

742.【2 7 7 K】
2×(13 - 7÷7)

743.【2 7 8 8】
(7 - 8÷2)×8
(7×8 - 8)÷2
(2 + 8 - 7)×8

744.【2 7 8 9】
2×(7 + 9) - 8

745.【2 7 8 10】
无解

746.【2 7 8 J】
(8 - 2)×(11 - 7)
7 + 8 + 11 - 2
2×(8 - 7 + 11)

747.【2 7 8 Q】
(12 - 7 - 2)×8
2×12÷(8 - 7)

748.【2 7 8 K】
(13 - 7)÷2×8
8÷2×(13 - 7)
2×(7 + 13 - 8)

749.【2 7 9 9】
无解

750.【2 7 9 10】
2×(10 - 7 + 9)
7 + 9 + 10 - 2
(2 + 10)×(9 - 7)

751.【2 7 9 J】
2 + (9 - 7)×11
2×11 - 7 + 9

752.【2 7 9 Q】
无解

753.【2 7 9 K】
$2 \times 9 + 13 - 7$
$(9 - 7) \times 13 - 2$

754.【2 7 10 10】
$2 \times (7 + 10) - 10$
$(10 - 2) \times (10 - 7)$

755.【2 7 10 J】
$2 \times 10 + 11 - 7$
$7 \times 10 \div 2 - 11$

756.【2 7 10 Q】
$10 \times 12 \div (7 - 2)$
$10 \div (7 - 2) \times 12$
$(7 - 10 \div 2) \times 12$
$10 \div 2 + 12 + 7$

757.【2 7 10 K】
无解

758.【2 7 J J】
无解

759.【2 7 J Q】
$12 \div 2 + 7 + 11$
$(11 - 2 - 7) \times 12$
$12 \div 2 \times (11 - 7)$

760.【2 7 J K】
无解

761.【2 7 Q Q】
$(2 \times 7 - 12) \times 12$
$(2 + 12) \times 12 \div 7$
$(2 + 12) \div 7 \times 12$

762.【2 7 Q K】
$2 \times (13 - 7) + 12$

763.【2 7 K K】
无解

764.【2 8 8 8】
$8 \div 2 \times 8 - 8$
$2 \times (8 + 8) - 8$
$(2 + 8 \div 8) \times 8$

765.【2 8 8 9】
$(2 + 9 - 8) \times 8$

766.【2 8 8 10】
$(8 - 10 \div 2) \times 8$
$8 + 8 + 10 - 2$

767.【2 8 8 J】
$2 \times (8 \div 8 + 11)$

768.【2 8 8 Q】
$2 \times 12 \div (8 \div 8)$
$2 \times (8 + 12 - 8)$
$8 \times 12 \div (8 \div 2)$
$2 \times 12 - 8 + 8$
$(8 - 2) \times (12 - 8)$

769.【2 8 8 K】

(13 − 2 + 8) × 8

(2 × 8 − 13) × 8

770.【2 8 9 9】

8 − 2 + 9 + 9

(2 + 9 ÷ 9) × 8

771.【2 8 9 10】

(2 + 10 − 9) × 8

2 × (8 + 9) − 10

772.【2 8 9 J】

2 × (9 − 8 + 11)

8 ÷ 2 + 11 + 9

773.【2 8 9 Q】

2 × 12 × (9 − 8)

(9 − 12 ÷ 2) × 8

774.【2 8 9 K】

2 × (8 + 13 − 9)

(8 − 2) × (13 − 9)

775.【2 8 10 10】

2 × (10 + 10 − 8)

(2 + 10) × (10 − 8)

(2 + 10 ÷ 10) × 8

8 ÷ 2 + 10 + 10

776.【2 8 10 J】

(2 + 11 − 10) × 8

(10 − 2) × (11 − 8)

10 ÷ 2 + 11 + 8

777.【2 8 10 Q】

2 × (8 + 10) − 12

12 ÷ 2 + 8 + 10

2 × 10 − 8 + 12

778.【2 8 10 K】

2 × 13 + 8 − 10

(10 − 8) × 13 − 2

779.【2 8 J J】

(2 + 11 ÷ 11) × 8

780.【2 8 J Q】

(2 + 12 − 11) × 8

781.【2 8 J K】

无解

782.【2 8 Q Q】

12 × 12 ÷ (8 − 2)

(8 − 12 ÷ 2) × 12

12 ÷ 2 × (12 − 8)

(2 + 12 ÷ 12) × 8

783.【2 8 Q K】

(2 + 13 − 12) × 8

784.【2 8 K K】

(2 + 13 ÷ 13) × 8

785.【2 9 9 9】

无解

786.【2 9 9 10】
无解

787.【2 9 9 J】
$2 \times (9 \div 9 + 11)$

788.【2 9 9 Q】
$2 \times (9 + 12 - 9)$
$2 \times (9 + 9) - 12$
$2 \times 12 + 9 - 9$

789.【2 9 9 K】
$2 \times (13 - 9 \div 9)$

790.【2 9 10 10】
$10 \div 2 + 9 + 10$

791.【2 9 10 J】
$2 \times (10 - 9 + 11)$
$(2 + 10) \times (11 - 9)$

792.【2 9 10 Q】
$(10 - 2) \times (12 - 9)$
$2 \times 12 \times (10 - 9)$

793.【2 9 10 K】
$2 \times 10 - 9 + 13$
$2 \times (9 + 13 - 10)$

794.【2 9 J J】
$2 + (11 - 9) \times 11$
$2 \times 11 + 11 - 9$

795.【2 9 J Q】
无解

796.【2 9 J K】
$(11 - 9) \times 13 - 2$
$2 \times 13 + 9 - 11$

797.【2 9 Q Q】
无解

798.【2 9 Q K】
$(13 - 2 - 9) \times 12$
$(13 - 9) \div 2 \times 12$

799.【2 9 K K】
$(9 + 13) \div 2 + 13$

800.【2 10 10 10】
无解

801.【2 10 10 J】
$2 \times (10 \div 10 + 11)$

802.【2 10 10 Q】
$2 \times (10 + 12 - 10)$
$2 \times 12 - 10 + 10$
$(2 + 10) \times (12 - 10)$

803.【2 10 10 K】
$2 \times (13 - 10 \div 10)$
$(10 - 2) \times (13 - 10)$

804.【2 10 J J】
$2 \times (11 - 10 + 11)$

805.【2 10 J Q】
$2 \times 11 + 12 - 10$

2×12×(11 − 10)
2 + (12 − 10)×11

806.【2 10 J K】
(2 + 10)×(13 − 11)
2×(10 + 13 − 11)

807.【2 10 Q Q】
无解

808.【2 10 Q K】
(12 − 10)×13 − 2
(10 + 12)÷2 + 13
2×13 + 10 − 12

809.【2 10 K K】
无解

810.【2 J J J】
2×(11÷11 + 11)

811.【2 J J Q】
2×11×12÷11
2×12 + 11 − 11

812.【2 J J K】
(11 + 11)÷2 + 13
2×(13 − 11÷11)
2 + 11×(13 − 11)

813.【2 J Q Q】
2×(12 − 11)×12
2×(11 + 12÷12)

814.【2 J Q K】
2×(11 + 13 − 12)
(11 + 13)÷2 + 12

815.【2 J K K】
2×13 − 13 + 11
(13 + 13)÷2 + 11
2×(11 + 13÷13)

816.【2 Q Q Q】
2×(12 − 12 + 12)
2×12 − 12 + 12

817.【2 Q Q K】
2×(13 − 12÷12)
2×12÷(13 − 12)

818.【2 Q K K】
2×(12 + 13 − 13)
2×12 + 13 − 13
(2 + 13 − 13)×12

819.【2 K K K】
2×(13 − 13÷13)

820.【3 3 3 3】
3×3×3 − 3

821.【3 3 3 4】
3 + (3 + 4)×3
(3×3 − 3)×4

822.【3 3 3 5】
3×3 + 5×3

823.【3 3 3 6】
(3÷3 + 3)×6
3×(3 + 3) + 6
3×(3 + 6) − 3
3 + 3 + 6×3

824.【3 3 3 7】
(7 − 3)×(3 + 3)
(3÷3 + 7)×3

825.【3 3 3 8】
3×(8 − 3 + 3)
3×8×3÷3

826.【3 3 3 9】
3×(9 − 3÷3)

827.【3 3 3 10】
3×(10 − 3) + 3
3×10 − 3 − 3

828.【3 3 3 J】
11×3 − 3×3

829.【3 3 3 Q】
3 + 3×3 + 12
(12 − 3)×3 − 3
12÷3×(3 + 3)

830.【3 3 3 K】
无解

831.【3 3 4 4】
3×4 + 3×4

(3×4 − 4)×3

832.【3 3 4 5】
3×(5 − 3)×4
3×(4 + 5) − 3

833.【3 3 4 6】
6×4÷(3÷3)
(4 − 3 + 3)×6
(6 − 3 + 3)×4

834.【3 3 4 7】
3×(7 − 3 + 4)
(7 − 3÷3)×4

835.【3 3 4 8】
3×8×(4 − 3)
(3 + 3)×(8 − 4)

836.【3 3 4 9】
(3 + 9÷3)×4
3 + 3×4 + 9
(3 + 9 − 4)×3

837.【3 3 4 10】
无解

838.【3 3 4 J】
3×3 + 4 + 11
3×(11 − 4) + 3

839.【3 3 4 Q】
(12 − 3 − 3)×4

(12 ÷ 3 + 4) × 3
(3 + 3 − 4) × 12

840.【3 3 4 K】
3 × (13 − 4) − 3

841.【3 3 5 5】
5 × 5 − 3 ÷ 3

842.【3 3 5 6】
(5 − 3 + 6) × 3
(6 − 3) × (3 + 5)
5 × 6 − 3 − 3
(5 − 3 ÷ 3) × 6

843.【3 3 5 7】
(3 × 5 − 7) × 3

844.【3 3 5 8】
无解

845.【3 3 5 9】
9 ÷ 3 × (3 + 5)
3 × (9 ÷ 3 + 5)
(5 − 3) × (3 + 9)
(3 + 3) × (9 − 5)
(3 + 9) × (5 − 3)

846.【3 3 5 10】
3 × (3 + 10 − 5)
3 × 3 + 10 + 5

847.【3 3 5 J】
无解

848.【3 3 5 Q】
3 × (12 − 5) + 3
3 × 5 + 12 − 3

849.【3 3 5 K】
3 + 3 + 5 + 13
3 × 13 − 3 × 5

850.【3 3 6 6】
3 × (6 ÷ 3 + 6)

851.【3 3 6 7】
(3 + 7) × 3 − 6
6 − 3 + 3 × 7

852.【3 3 6 8】
(3 + 6) ÷ 3 × 8
(3 × 3 − 6) × 8

853.【3 3 6 9】
3 × (9 − 3) + 6
3 × 9 + 3 − 6
(3 + 9) × 6 ÷ 3

854.【3 3 6 10】
(3 + 3) × (10 − 6)
(3 × 6 − 10) × 3
(10 − 6 ÷ 3) × 3
(10 − 3 − 3) × 6

855.【3 3 6 J】
(6 − 3) × (11 − 3)
3 × 11 − 3 − 6

(3 + 11 − 6) × 3

856.【3 3 6 Q】
3 + 3 + 6 + 12
(3 + 3) × 6 − 12

857.【3 3 6 K】
(13 − 3 × 3) × 6
(13 − 3) × 3 − 6
3 × (13 − 6) + 3

858.【3 3 7 7】
(3 ÷ 7 + 3) × 7

859.【3 3 7 8】
3 × 3 + 7 + 8

860.【3 3 7 9】
9 ÷ 3 × 7 + 3
(9 − 3) × (7 − 3)

861.【3 3 7 10】
无解

862.【3 3 7 J】
(3 + 3) × (11 − 7)
3 + 3 + 7 + 11

863.【3 3 7 Q】
3 × (3 + 12 − 7)
3 × (7 − 3) + 12

864.【3 3 7 K】
3 × (3 × 7 − 13)

865.【3 3 8 8】
8 ÷ (3−8÷3)

866.【3 3 8 9】
(3 + 8) × 3 − 9
3 × (8 − 3) + 9
(9 − 3 − 3) × 8

867.【3 3 8 10】
3 + 3 + 8 + 10

868.【3 3 8 J】
无解

869.【3 3 8 Q】
(12 − 3) × 8 ÷ 3
(12 − 3 × 3) × 8
(8 − 3 − 3) × 12

870.【3 3 8 K】
3 × (3 + 13 − 8)

871.【3 3 9 9】
3 + 3 + 9 + 9
3 × 9 − 9 ÷ 3
9 × 9 ÷ 3 − 3

872.【3 3 9 10】
3 × 10 − 9 + 3

873.【3 3 9 J】
(11 − 9 ÷ 3) × 3
9 ÷ 3 × (11 − 3)

874.【3 3 9 Q】
$3 \times (3 + 9) - 12$
$12 \div 3 \times (9 - 3)$
$3 \times 12 - 3 + 9$

875.【3 3 9 K】
$(3 + 3) \times (13 - 9)$

876.【3 3 10 10】
无解

877.【3 3 10 J】
无解

878.【3 3 10 Q】
无解

879.【3 3 10 K】
$3 \div 3 + 10 + 13$

880.【3 3 J J】
无解

881.【3 3 J Q】
$(11 - 3 \times 3) \times 12$
$3 \div 3 + 11 + 12$
$3 \times 11 - (12 - 3)$

882.【3 3 J K】
$13 \div (3 \div 3) + 11$
$3 \times (11 + 13) \div 3$
$11 - 3 + 3 + 13$

883.【3 3 Q Q】
$12 + 12 - 3 + 3$
$12 \times 12 \div (3 + 3)$
$(12 + 12) \div (3 \div 3)$

884.【3 3 Q K】
$12 + 13 - 3 \div 3$
$3 \times 13 - 3 - 12$

885.【3 3 K K】
无解

886.【3 4 4 4】
$(3 + 4) \times 4 - 4$

887.【3 4 4 5】
$(4 + 5 - 3) \times 4$
$3 + 4 \times 4 + 5$

888.【3 4 4 6】
$(6 - 3) \times (4 + 4)$
$3 \times 4 \times (6 - 4)$
$(6 \div 3 + 4) \times 4$

889.【3 4 4 7】
$3 \times (4 \div 4 + 7)$
$(3 + 7 - 4) \times 4$

890.【3 4 4 8】
$3 \times 4 + 4 + 8$
$3 \times (4 - 4 + 8)$
$3 \times 8 \times 4 \div 4$

891.【3 4 4 9】

$3 \times (9 - 4 \div 4)$

$9 \div 3 \times (4 + 4)$

$9 \times 4 - 3 \times 4$

892.【3 4 4 10】

$(10 - 3) \times 4 - 4$

893.【3 4 4 J】

$4 \times 4 + 11 - 3$

894.【3 4 4 Q】

$(3 + 12 \div 4) \times 4$

$(3 - 4 \div 4) \times 12$

895.【3 4 4 K】

$(13 - 3 - 4) \times 4$

$3 + 4 + 4 + 13$

896.【3 4 5 5】

$5 \times 5 - (4 - 3)$

$3 \times 5 + 4 + 5$

897.【3 4 5 6】

$(3 + 5 - 4) \times 6$

898.【3 4 5 7】

$3 \times 4 \times (7 - 5)$

$7 - 3 + 4 \times 5$

$3 \times (7 - 4 + 5)$

$(3 + 5) \times (7 - 4)$

899.【3 4 5 8】

$3 \times 8 \times (5 - 4)$

$4 \times 8 - 3 - 5$

$(3 + 8 - 5) \times 4$

900.【3 4 5 9】

$3 \times (4 + 9 - 5)$

$(3 \times 5 - 9) \times 4$

901.【3 4 5 10】

$3 \times 4 \times 10 \div 5$

$(5 - 3) \times 10 + 4$

902.【3 4 5 J】

$3 \times 11 - 4 - 5$

$(3 + 4) \times 5 - 11$

903.【3 4 5 Q】

$3 + 4 + 12 + 5$

$12 \div 3 \times 5 + 4$

$4 \div (5 - 3) \times 12$

$(3 + 5) \times 12 \div 4$

904.【3 4 5 K】

$4 \times (5 + 13) \div 3$

$3 \times 5 - 4 + 13$

905.【3 4 6 6】

$3 \times (6 + 6 - 4)$

$6 \times 6 - 3 \times 4$

906.【3 4 6 7】

无解

907.【3 4 6 8】

$6 \div 3 \times (4 + 8)$

(8 - 6÷3)×4
3×(8 - 6)×4
(3×4 - 8)×6

908.【3 4 6 9】
(3 + 9)×(6 - 4)
(3 + 9 - 6)×4

909.【3 4 6 10】
6÷3×10 + 4
3×(10 - 4) + 6
3×(4 + 10 - 6)

910.【3 4 6 J】
(11 - 4 - 3)×6
3 + 6 + 4 + 11

911.【3 4 6 Q】
4×12÷(6÷3)
(6 - 3)×4 + 12
3×12×4÷6
(6 - 3)×(12 - 4)

912.【3 4 6 K】
(3 + 13)×6÷4

913.【3 4 7 7】
3 + 4×7 - 7
3×7 - 4 + 7

914.【3 4 7 8】
(7 - 3)×4 + 8

915.【3 4 7 9】
3×4×(9 - 7)
3×9 + 4 - 7
3×(4 + 7) - 9

916.【3 4 7 10】
(3 + 10 - 7)×4
(7 - 3)×(10 - 4)
3 + 4 + 7 + 10

917.【3 4 7 J】
(11 - 3)×(7 - 4)
4×(7 + 11)÷3
3×(4 + 11 - 7)

918.【3 4 7 Q】
3 + 12÷4×7
7×12÷3 - 4
3×7 + 12÷4
4×7 - 12÷3

919.【3 4 7 K】
无解

920.【3 4 8 8】
无解

921.【3 4 8 9】
3 + 8 + 4 + 9
(3 + 9)×8÷4
(9 - 3)×(8 - 4)
(3×4 - 9)×8

922.【3 4 8 10】

(10 − 4 − 3) × 8
3 × (10 − 8) × 4
3 × (10 − 8 ÷ 4)
(8 + 10) ÷ 3 × 4

923.【3 4 8 J】

4 × 8 − (11 − 3)
(11 − 3) × 4 − 8
(3 + 11 − 8) × 4

924.【3 4 8 Q】

4 × 12 ÷ 3 + 8
4 × 12 − 3 × 8
3 × (8 − 4) + 12
3 × (4 + 12 − 8)

925.【3 4 8 K】

(13 − 4) ÷ 3 × 8

926.【3 4 9 9】

3 × (9 − 4) + 9
4 × 9 − 3 − 9
(9 − 9 ÷ 3) × 4

927.【3 4 9 10】

无解

928.【3 4 9 J】

3 × (11 − 9) × 4
(9 × 11 − 3) ÷ 4

929.【3 4 9 Q】

9 × 12 ÷ 4 − 3
(9 − 3 − 4) × 12
(3 + 12 − 9) × 4
9 ÷ 3 × (12 − 4)

930.【3 4 9 K】

3 × (4 + 13 − 9)

931.【3 4 10 10】

3 × 10 + 4 − 10

932.【3 4 10 J】

无解

933.【3 4 10 Q】

(3 × 4 − 10) × 12
(10 − 12 ÷ 3) × 4
3 × 4 × (12 − 10)

934.【3 4 10 K】

4 × 10 − 13 − 3
4 − 3 + 10 + 13
(3 + 13 − 10) × 4

935.【3 4 J J】

无解

936.【3 4 J Q】

(11 − 3) ÷ 4 × 12
3 × (11 − 12 ÷ 4)
4 + 11 + 12 − 3

937.【3 4 J K】
 3×13 − 11 − 4
 (13 + 11)÷(4 − 3)
 (4 − 3)×(11 + 13)
 3×11 + 4 − 13

938.【3 4 Q Q】
 (4 − 3)×12 + 12
 (12 − 3)×4 − 12

939.【3 4 Q K】
 3 + 13 + 12 − 4

940.【3 4 K K】
 无解

941.【3 5 5 5】
 无解

942.【3 5 5 6】
 (3 + 5÷5)×6
 3×(5 + 5) − 6

943.【3 5 5 7】
 3×(5÷5 + 7)
 (5 − 3)×(5 + 7)

944.【3 5 5 8】
 3×5÷5×8
 3×(8 − 5 + 5)
 (3 + 5)×(8 − 5)

945.【3 5 5 9】
 3×(9 − 5÷5)

946.【3 5 5 10】
 无解

947.【3 5 5 J】
 3 + 5 + 5 + 11

948.【3 5 5 Q】
 (3 − 5÷5)×12

949.【3 5 5 K】
 无解

950.【3 5 6 6】
 (5 − 3)×(6 + 6)
 (3 + 6 − 5)×6

951.【3 5 6 7】
 (5 + 7)÷3×6
 3×(6 − 5 + 7)

952.【3 5 6 8】
 6×8÷(5 − 3)
 (5 − 6÷3)×8
 3×8×(6 − 5)

953.【3 5 6 9】
 3 + 5×6 − 9
 3×(5 + 6) − 9
 (3 + 5)×(9 − 6)

954.【3 5 6 10】
 3×(10÷5 + 6)
 3 + 5 + 6 + 10

955.【3 5 6 J】
3×(11 − 5) + 6
(3×5 − 11)×6
3×6 − 5 + 11

956.【3 5 6 Q】
(12 − 5 − 3)×6
(5 − 3)×6 + 12

957.【3 5 6 K】
(6 − 3)×(13 − 5)

958.【3 5 7 7】
无解

959.【3 5 7 8】
5×7 − 3 − 8
3×7 − 5 + 8
3 + (8 − 5)×7

960.【3 5 7 9】
3 + 5 + 7 + 9
(3 + 9)×(7 − 5)

961.【3 5 7 10】
(5 − 3)×7 + 10
(3 + 5)×(10 − 7)
3×(5 + 10 − 7)

962.【3 5 7 J】
(7×11 − 5)÷3
(7 − 3)×(11 − 5)

963.【3 5 7 Q】
3×(5 + 7) − 12
3×12 − 7 − 5
(3 + 7)÷5×12

964.【3 5 7 K】
(5×13 + 7)÷3

965.【3 5 8 8】
3 + 5 + 8 + 8
(5 − 3)×8 + 8

966.【3 5 8 9】
3×9 − 8 + 5
(8 − 5)×9 − 3

967.【3 5 8 10】
无解

968.【3 5 8 J】
(11 − 3 + 5)×8
3×(5 + 11 − 8)
(11 − 3)×(8 − 5)

969.【3 5 8 Q】
(3 + 12)÷5×8
(3×5 − 12)×8

970.【3 5 8 K】
5×8 − 13 − 3

971.【3 5 9 9】
(9 − 3)×(9 − 5)
5×9÷3 + 9

972.【3 5 9 10】
$3 \times (10 - 5) + 9$
$(3 + 9) \times 10 \div 5$

973.【3 5 9 J】
无解

974.【3 5 9 Q】
$3 \times (5 + 12 - 9)$
$3 \times (9 - 5) + 12$
$(3 + 5) \times (12 - 9)$
$(5 - 9 \div 3) \times 12$

975.【3 5 9 K】
$5 - 3 + 13 + 9$
$9 \div 3 \times (13 - 5)$
$(3 + 9 \times 13) \div 5$

976.【3 5 10 10】
$3 \times (10 - 10 \div 5)$

977.【3 5 10 J】
$3 \times 10 + 5 - 11$
$(10 - 3) \times 5 - 11$

978.【3 5 10 Q】
$(10 - 3 - 5) \times 12$
$5 + 10 + 12 - 3$

979.【3 5 10 K】
$3 \times (5 + 13 - 10)$
$3 \times 13 - 10 - 5$
$(3 + 5) \times (13 - 10)$

980.【3 5 J J】
$5 + 11 + 11 - 3$

981.【3 5 J Q】
$(11 - 5) \div 3 \times 12$

982.【3 5 J K】
无解

983.【3 5 Q Q】
$(5 \times 12 + 12) \div 3$
$5 \times 12 - 3 \times 12$

984.【3 5 Q K】
$(13 - 3) \times 12 \div 5$
$(3 \times 5 - 13) \times 12$

985.【3 5 K K】
$3 + 13 + 13 - 5$

986.【3 6 6 6】
$(6 + 6) \div 3 \times 6$
$(6 - 3) \times 6 + 6$
$6 \div 3 \times (6 + 6)$

987.【3 6 6 7】
$(3 + 7 - 6) \times 6$
$7 \times 6 - 3 \times 6$
$3 \times (6 \div 6 + 7)$

988.【3 6 6 8】
$6 \div (6 \div 3) \times 8$
$3 \times (6 - 6 + 8)$

3×8−6+6

989.【3 6 6 9】
6÷3×9+6
3×(9−6÷6)
6×6−3−9
3+6+6+9

990.【3 6 6 10】
(6−3)×10−6

991.【3 6 6 J】
(6×11+6)÷3

992.【3 6 6 Q】
(3−6÷6)×12
3×(12−6)+6
3×6+12−6
6×12÷(6−3)

993.【3 6 6 K】
(13−6−3)×6
(6×13−6)÷3

994.【3 6 7 7】
3×(7−6+7)
(3+7÷7)×6

995.【3 6 7 8】
3×8×(7−6)
3+7+8+6
(3+8−7)×6

996.【3 6 7 9】
3×(6+9−7)
(7−9÷3)×6
3×7+9−6
3+(9−6)×7

997.【3 6 7 10】
6×7÷3+10

998.【3 6 7 J】
无解

999.【3 6 7 Q】
(7−3)×(12−6)
(3+6−7)×12

1000.【3 6 7 K】
3×(13−7)+6
3×6−7+13

1001.【3 6 8 8】
6×8÷3+8
6×8−3×8
(3+8÷8)×6

1002.【3 6 8 9】
(3+9)×(8−6)
9×8÷(6−3)
(6−9÷3)×8

1003.【3 6 8 10】
3×(6+10−8)

1004.【3 6 8 J】
无解

1005.【3 6 8 Q】
(12 − 6 − 3) × 8
(8 − 12 ÷ 3) × 6

1006.【3 6 8 K】
6 + 8 + 13 − 3

1007.【3 6 9 9】
3 × 9 − 9 + 6
(3 + 9 ÷ 9) × 6
(9 − 6) × 9 − 3

1008.【3 6 9 10】
9 ÷ 3 × 10 − 6
(9 − 3) × (10 − 6)
(3 + 10 − 9) × 6

1009.【3 6 9 J】
(11 − 3) × (9 − 6)
3 × (11 − 6) + 9
3 × (6 + 11 − 9)

1010.【3 6 9 Q】
(9 − 3) × 6 − 12
3 × 6 × 12 ÷ 9
6 + 9 − 3 + 12

1011.【3 6 9 K】
3 × 13 − 6 − 9
6 ÷ 3 + 13 + 9

(3 + 13) × 9 ÷ 6

1012.【3 6 10 10】
(3 + 10 ÷ 10) × 6

1013.【3 6 10 J】
6 + 10 + 11 − 3
(3 + 11 − 10) × 6

1014.【3 6 10 Q】
3 × (6 + 12 − 10)
3 × 10 − (12 − 6)
6 × 10 − 3 × 12
3 × (10 − 12 ÷ 6)

1015.【3 6 10 K】
无解

1016.【3 6 J J】
6 ÷ 3 + 11 + 11
(3 + 11 ÷ 11) × 6

1017.【3 6 J Q】
(11 − 6 − 3) × 12
(3 + 12 − 11) × 6

1018.【3 6 J K】
3 × (6 + 13 − 11)

1019.【3 6 Q Q】
12 ÷ 3 × (12 − 6)
(3 + 12 ÷ 12) × 6
(6 − 3) × 12 − 12

1020.【3 6 Q K】
(3 + 13 − 12) × 6

1021.【3 6 K K】
(3 + 13 ÷ 13) × 6
13 − 6 ÷ 3 + 13

1022.【3 7 7 7】
3 × (7 + 7 ÷ 7)
3 + 7 + 7 + 7

1023.【3 7 7 8】
3 × (7 − 7 + 8)
3 × 8 ÷ (7 ÷ 7)
3 × 8 + 7 − 7

1024.【3 7 7 9】
3 × (9 − 7 ÷ 7)

1025.【3 7 7 10】
3 + 7 × (10 − 7)
3 × 7 + 10 − 7

1026.【3 7 7 J】
无解

1027.【3 7 7 Q】
(3 − 7 ÷ 7) × 12

1028.【3 7 7 K】
7 − 3 + 13 + 7
(7 − 3) × (13 − 7)

1029.【3 7 8 8】
(7 − 3) × 8 − 8
3 × 8 × (8 − 7)
3 × (7 + 8 ÷ 8)

1030.【3 7 8 9】
3 × (7 + 9 − 8)

1031.【3 7 8 10】
无解

1032.【3 7 8 J】
(8 − 3) × 7 − 11
3 + 7 × (11 − 8)
3 × 7 − 8 + 11

1033.【3 7 8 Q】
8 × 12 ÷ (7 − 3)
7 + 8 + 12 − 3
(3 + 7 − 8) × 12

1034.【3 7 8 K】
3 × 13 − 8 − 7
(13 − 3 − 7) × 8

1035.【3 7 9 9】
3 × (7 + 9 ÷ 9)
(3 + 9) × (9 − 7)
(7 × 9 + 9) ÷ 3

1036.【3 7 9 10】
3 × (7 + 10 − 9)
(10 − 7) × 9 − 3
3 × 9 + 7 − 10

1037.【3 7 9 J】
7 + 9 − 3 + 11
(9 − 3) × (11 − 7)

1038.【3 7 9 Q】
3 + 7 × (12 − 9)
3 × (12 − 7) + 9
(7 − 3) × 9 − 12

1039.【3 7 9 K】
7 × 9 − 3 × 13

1040.【3 7 10 10】
3 × (7 + 10 ÷ 10)
10 + 10 − 3 + 7

1041.【3 7 10 J】
3 × (7 + 11 − 10)
(11 − 3) × (10 − 7)

1042.【3 7 10 Q】
无解

1043.【3 7 10 K】
3 × 10 − 13 + 7
3 × 7 + 13 − 10
3 + 7 × (13 − 10)

1044.【3 7 J J】
3 × (7 + 11 ÷ 11)

1045.【3 7 J Q】
(3 + 11) × 12 ÷ 7

3 × (11 − 7) + 12
3 × (7 + 12 − 11)

1046.【3 7 J K】
无解

1047.【3 7 Q Q】
(12 − 7 − 3) × 12
3 × (7 + 12 ÷ 12)
(7 × 12 − 12) ÷ 3

1048.【3 7 Q K】
12 ÷ 3 + 13 + 7
(13 − 7) ÷ 3 × 12
3 × (7 + 13 − 12)

1049.【3 7 K K】
3 × (7 + 13 ÷ 13)

1050.【3 8 8 8】
3 × (8 + 8 − 8)
3 × 8 × 8 ÷ 8
(8 + 8 × 8) ÷ 3

1051.【3 8 8 9】
3 × 8 × (9 − 8)
3 × (9 − 8 ÷ 8)

1052.【3 8 8 10】
(8 × 10 − 8) ÷ 3

1053.【3 8 8 J】
8 + 8 + 11 − 3

1054.【3 8 8 Q】
12÷3×8 − 8
8×12÷3 − 8
(3 − 8÷8)×12

1055.【3 8 8 K】
无解

1056.【3 8 9 9】
3×9÷9×8
3×8 − 9 + 9
(3 + 9 − 9)×8
8×9÷(9÷3)

1057.【3 8 9 10】
(3 + 9)×(10 − 8)
3×8×(10 − 9)
8 + 9 + 10 − 3

1058.【3 8 9 J】
3×9 + 8 − 11
(11 − 8)×9 − 3

1059.【3 8 9 Q】
(9 − 3)×(12 − 8)
(3 + 8 − 9)×12

1060.【3 8 9 K】
9÷3 + 13 + 8
3×(13 − 8) + 9

1061.【3 8 10 10】
3×(8 + 10 − 10)
3×8×10÷10

1062.【3 8 10 J】
3×8×(11 − 10)

1063.【3 8 10 Q】
10÷(8 − 3)×12

1064.【3 8 10 K】
无解

1065.【3 8 J J】
3×8 + 11 − 11
(3 + 11 − 11)×8
(11 − 3)×(11 − 8)

1066.【3 8 J Q】
3×8×(12 − 11)

1067.【3 8 J K】
无解

1068.【3 8 Q Q】
(3 + 12 − 12)×8
8÷(12÷3)×12
3×8 + 12 − 12

1069.【3 8 Q K】
(13 − 3 − 8)×12
(3 + 13)×12÷8
3×8×(13 − 12)

1070.【3 8 K K】
3×(8 + 13 − 13)

3×8 + 13 - 13

1071.【3 9 9 9】
3×(9 - 9÷9)
(9×9 - 9)÷3
9 + 9 + 9 - 3

1072.【3 9 9 10】
3×(9 + 9 - 10)

1073.【3 9 9 J】
(3 + 9)×(11 - 9)
9÷3×11 - 9

1074.【3 9 9 Q】
(3 - 9÷9)×12
3×9 + 9 - 12
(12 - 9)×9 - 3
3×9 - 12 + 9

1075.【3 9 9 K】
(9 - 3)×(13 - 9)

1076.【3 9 10 10】
3×(9 - 10÷10)

1077.【3 9 10 J】
3×(9 + 10 - 11)
9÷3 + 10 + 11

1078.【3 9 10 Q】
(3 + 9 - 10)×12
(3 + 9)×(12 - 10)

1079.【3 9 10 K】
3×9 + 10 - 13

1080.【3 9 J J】
3×(9 - 11÷11)

1081.【3 9 J Q】
(11 - 3)×(12 - 9)
12÷3 + 9 + 11
3×(9 + 11 - 12)

1082.【3 9 J K】
(3 + 9)×(13 - 11)

1083.【3 9 Q Q】
12×12÷(9 - 3)
9×12÷3 - 12
12÷(9 - 3)×12

1084.【3 9 Q K】
3×(13 - 9) + 12
3×(9 + 12 - 13)

1085.【3 9 K K】
3×(9 - 13÷13)

1086.【3 10 10 10】
无解

1087.【3 10 10 J】
无解

1088.【3 10 10 Q】
3×(10 + 10 - 12)

(3 − 10 ÷ 10) × 12
12 ÷ 3 + 10 + 10

1089.【3 10 10 K】
无解

1090.【3 10 J J】
无解

1091.【3 10 J Q】
(3 + 10 − 11) × 12

1092.【3 10 J K】
3 × (10 + 11 − 13)
(11 − 3) × (13 − 10)

1093.【3 10 Q Q】
无解

1094.【3 10 Q K】
无解

1095.【3 10 K K】
无解

1096.【3 J J J】
无解

1097.【3 J J Q】
(3 − 11 ÷ 11) × 12

1098.【3 J J K】
无解

1099.【3 J Q Q】
(3 + 11 − 12) × 12

1100.【3 J Q K】
无解

1101.【3 J K K】
无解

1102.【3 Q Q Q】
(3 − 12 ÷ 12) × 12

1103.【3 Q Q K】
(3 + 12 − 13) × 12

1104.【3 Q K K】
(3 − 13 ÷ 13) × 12

1105.【3 K K K】
无解

1106.【4 4 4 4】
4 + 4 × 4 + 4

1107.【4 4 4 5】
(4 ÷ 4 + 5) × 4

1108.【4 4 4 6】
(4 + 4 − 4) × 6
4 × 6 ÷ (4 ÷ 4)

1109.【4 4 4 7】
(7 − 4 ÷ 4) × 4
(7 − 4) × (4 + 4)

1110.【4 4 4 8】
 (8÷4 + 4)×4
 4×8 − 4 − 4
 (4 + 4)×4 − 8
 (4 − 4÷4)×8

1111.【4 4 4 9】
 4 + 4×(9 − 4)

1112.【4 4 4 10】
 4×(4×4 − 10)
 4×10 − 4×4

1113.【4 4 4 J】
 (11 − 4)×4 − 4

1114.【4 4 4 Q】
 12 − 4 + 4×4
 (4 + 4)×12÷4
 4 + 4 + 4 + 12

1115.【4 4 4 K】
 无解

1116.【4 4 5 5】
 (5 − 4 + 5)×4
 5×5 − 4÷4

1117.【4 4 5 6】
 4×6×(5 − 4)
 (5 − 4÷4)×6

1118.【4 4 5 7】
 4×(4 + 7 − 5)

1119.【4 4 5 8】
 4 + (8 − 4)×5
 4×5 + 8 − 4
 8×5 − 4×4
 (4 + 4)×(8 − 5)

1120.【4 4 5 9】
 无解

1121.【4 4 5 10】
 (4 + 10÷5)×4
 4×(10 − 5) + 4
 4 + 4×(10 − 5)

1122.【4 4 5 J】
 4×11 − 4×5
 4 + 4 + 5 + 11

1123.【4 4 5 Q】
 4×(12 − 5) − 4
 4×(4 + 5) − 12

1124.【4 4 5 K】
 4×4 + 13 − 5

1125.【4 4 6 6】
 无解

1126.【4 4 6 7】
 无解

1127.【4 4 6 8】
 (6 − 4)×(4 + 8)
 (4 + 8 − 6)×4

1128.【4 4 6 9】
(4 + 4) × (9 - 6)
4 × 9 × 4 ÷ 6

1129.【4 4 6 10】
4 + 10 + 4 + 6
4 + (6 - 4) × 10

1130.【4 4 6 J】
4 + 4 × (11 - 6)

1131.【4 4 6 Q】
4 × 12 ÷ (6 - 4)
(4 × 4 - 12) × 6
(4 + 12 ÷ 6) × 4
4 × 12 - 4 × 6

1132.【4 4 6 K】
4 × (13 - 6) - 4

1133.【4 4 7 7】
(4 - 4 ÷ 7) × 7

1134.【4 4 7 8】
(8 - 4) × 7 - 4
4 × 7 - 8 + 4

1135.【4 4 7 9】
4 × (4 + 9 - 7)
4 + 4 + 7 + 9

1136.【4 4 7 10】
(4 + 4) × (10 - 7)

1137.【4 4 7 J】
无解

1138.【4 4 7 Q】
(7 - 4) × (12 - 4)
4 × (12 - 7) + 4
4 × (7 - 4) + 12
(12 - 4) × (7 - 4)

1139.【4 4 7 K】
4 × 13 - 4 × 7

1140.【4 4 8 8】
(4 + 8) × 8 ÷ 4
4 × (8 - 8 ÷ 4)
4 + 4 + 8 + 8

1141.【4 4 8 9】
4 × 9 - 8 - 4

1142.【4 4 8 10】
(4 + 10 - 8) × 4
(8 - 4) × (10 - 4)
8 × 10 ÷ 4 + 4

1143.【4 4 8 J】
(11 - 4 - 4) × 8
(4 + 4) × (11 - 8)

1144.【4 4 8 Q】
4 + 4 × 8 - 12
4 × 12 × 4 ÷ 8
(12 - 4) × 4 - 8

1145.【4 4 8 K】
4 × (13 − 8) + 4
(4 × 4 − 13) × 8

1146.【4 4 9 9】
无解

1147.【4 4 9 10】
无解

1148.【4 4 9 J】
4 × (4 + 11 − 9)

1149.【4 4 9 Q】
4 × (9 − 12 ÷ 4)
(4 + 4) × (12 − 9)

1150.【4 4 9 K】
无解

1151.【4 4 10 10】
(10 × 10 − 4) ÷ 4

1152.【4 4 10 J】
无解

1153.【4 4 10 Q】
4 × 10 − 4 − 12
(10 − 4 − 4) × 12
(4 + 12 − 10) × 4

1154.【4 4 10 K】
(4 + 4) × (13 − 10)

1155.【4 4 J J】
无解

1156.【4 4 J Q】
4 ÷ 4 + 11 + 12

1157.【4 4 J K】
(13 + 11) ÷ (4 ÷ 4)
11 − 4 + 13 + 4
(4 + 13 − 11) × 4

1158.【4 4 Q Q】
4 × 12 ÷ 4 + 12
4 − 4 + 12 + 12

1159.【4 4 Q K】
4 × (13 − 4) − 12
12 + 13 − 4 ÷ 4

1160.【4 4 K K】
无解

1161.【4 5 5 5】
4 × (5 ÷ 5 + 5)
5 × 5 − (5 − 4)

1162.【4 5 5 6】
4 × (5 + 6 − 5)
4 × 6 + 5 − 5

1163.【4 5 5 7】
4 × (7 − 5 ÷ 5)

1164.【4 5 5 8】
(4 − 5÷5)×8

1165.【4 5 5 9】
4 + (9 − 5)×5
4×5 + 9 − 5

1166.【4 5 5 10】
4 + 5 + 5 + 10

1167.【4 5 5 J】
无解

1168.【4 5 5 Q】
无解

1169.【4 5 5 K】
无解

1170.【4 5 6 6】
4×(5 + 6÷6)
4×6÷(6 − 5)

1171.【4 5 6 7】
(6 − 4)×(5 + 7)
4×(5 + 7 − 6)

1172.【4 5 6 8】
(4 + 5 − 6)×8

1173.【4 5 6 9】
4 + 5 + 6 + 9

1174.【4 5 6 10】
4 + 5×(10 − 6)

5×6 − (10 − 4)

1175.【4 5 6 J】
(5 + 11)×6÷4

1176.【4 5 6 Q】
(4 + 6)×12÷5

1177.【4 5 6 K】
(13 − 5 − 4)×6

1178.【4 5 7 7】
4×(5 + 7÷7)
5×7 − 7 − 4

1179.【4 5 7 8】
8÷4×(5 + 7)
(4 + 8)×(7 − 5)
4 + 5 + 7 + 8

1180.【4 5 7 9】
4×9 − 7 − 5
4×7 − 9 + 5
(7 − 4)×5 + 9

1181.【4 5 7 10】
4 + (7 − 5)×10

1182.【4 5 7 J】
4×5 + 11 − 7
4 + 5×(11 − 7)

1183.【4 5 7 Q】
4×12÷(7 − 5)
(4 + 5 − 7)×12

1184.【4 7 5 K】
(5 + 7 × 13) ÷ 4
(7 − 4) × (13 − 5)

1185.【4 5 8 8】
(5 − 8 ÷ 4) × 8
4 × (5 + 8 ÷ 8)

1186.【4 5 8 9】
4 × (5 + 9 − 8)
4 × (9 − 5) + 8

1187.【4 5 8 10】
(4 + 8) × 10 ÷ 5
4 × (8 − 10 ÷ 5)

1188.【4 5 8 J】
(4 + 11) × 8 ÷ 5
(8 − 4) × (11 − 5)

1189.【4 5 8 Q】
5 × 8 − 12 − 4
(12 − 4 + 5) × 8
(12 − 4) × (8 − 5)
4 × 5 + 12 − 8

1190.【4 5 8 K】
4 × 8 + 5 − 13
4 × (13 − 5) − 8

1191.【4 5 9 9】
4 × (5 + 9 ÷ 9)

1192.【4 5 9 10】
(10 − 4) × (9 − 5)
4 × (5 + 10 − 9)

1193.【4 5 9 J】
无解

1194.【4 5 9 Q】
12 ÷ 4 × 5 + 9
5 × 12 − 4 × 9

1195.【4 5 9 K】
4 × 5 + 13 − 9
4 + 5 × (13 − 9)

1196.【4 5 10 10】
4 + 10 × 10 ÷ 5
4 × (5 + 10 ÷ 10)

1197.【4 5 10 J】
4 × 10 − 5 − 11
4 × (5 + 11 − 10)

1198.【4 5 10 Q】
(4 − 10 ÷ 5) × 12
4 × 12 ÷ (10 ÷ 5)

1199.【4 5 10 K】
5 + 10 + 13 − 4

1200.【4 5 J J】
(11 − 4) × 5 − 11
4 × (5 + 11 ÷ 11)

1201.【4 5 J Q】
11 + 12 − 4 + 5
(11 − 5 − 4) × 12
4 × (5 + 12 − 11)

1202.【4 5 J K】
(13 + 11) ÷ (5 − 4)
(5 − 4) × (11 + 13)

1203.【4 5 Q Q】
(12 + 12) ÷ (5 − 4)
(5 − 12 ÷ 4) × 12
4 × (5 + 12 ÷ 12)

1204.【4 5 Q K】
4 × (5 + 13 − 12)
12 ÷ 4 × (13 − 5)
4 + 12 + 13 − 5

1205.【4 5 K K】
4 × (5 + 13 ÷ 13)

1206.【4 6 6 6】
4 × 6 − 6 + 6
4 × 6 × 6 ÷ 6
4 × 6 ÷ (6 ÷ 6)
(6 − 4) × (6 + 6)

1207.【4 6 6 7】
4 × 6 × (7 − 6)
(7 − 4) × 6 + 6
4 × (7 − 6 ÷ 6)

1208.【4 6 6 8】
(6 + 6) ÷ 4 × 8
6 × 8 ÷ (6 − 4)
(6 − 8 ÷ 4) × 6
4 + 6 + 6 + 8

1209.【4 6 6 9】
(6 − 4) × 9 + 6
4 × 9 − 6 − 6
(9 − 4) × 6 − 6

1210.【4 6 6 10】
6 × (6 + 10) ÷ 4

1211.【4 6 6 J】
无解

1212.【4 6 6 Q】
(6 − 4) × 6 + 12
6 × 12 ÷ 4 + 6

1213.【4 6 6 K】
无解

1214.【4 6 7 7】
4 × (6 + 7 − 7)
4 + 7 + 6 + 7
4 × 6 + 7 − 7
(4 + 7 − 7) × 6

1215.【4 6 7 8】
(4 + 6 − 7) × 8
4 × 6 × (8 − 7)

1216.【4 6 7 9】
$6 \times (7 + 9) \div 4$

1217.【4 6 7 10】
$(7 - 4) \times 10 - 6$
$(6 - 4) \times 7 + 10$
$4 \times 7 + 6 - 10$
$4 \times 7 - 10 + 6$

1218.【4 6 7 J】
无解

1219.【4 6 7 Q】
$(7 - 12 \div 4) \times 6$
$6 \times 12 \div (7 - 4)$

1220.【4 6 7 K】
无解

1221.【4 6 8 8】
$4 \times 8 \times 6 \div 8$
$6 \times 8 \div (8 \div 4)$
$4 \times 6 + 8 - 8$

1222.【4 6 8 9】
$4 \times 6 \times (9 - 8)$
$4 \times (9 - 8) \times 6$
$8 \div 4 \times 9 + 6$

1223.【4 6 8 10】
$4 \times (10 - 6) + 8$
$4 + (8 - 6) \times 10$

1224.【4 6 8 J】
无解

1225.【4 6 8 Q】
$6 \times 8 \div 4 + 12$
$(8 - 4) \times (12 - 6)$
$4 \div (8 - 6) \times 12$
$(4 + 6 - 8) \times 12$

1226.【4 6 8 K】
$(13 - 6 - 4) \times 8$

1227.【4 6 9 9】
$4 \times (6 + 9 - 9)$
$4 \times 6 - 9 + 9$
$4 \times 6 \times 9 \div 9$

1228.【4 6 9 10】
$4 \times (10 - 9) \times 6$
$6 \times 10 \div 4 + 9$
$6 \times 10 - 4 \times 9$

1229.【4 6 9 J】
无解

1230.【4 6 9 Q】
$(4 + 12) \times 9 \div 6$
$(12 - 4) \times (9 - 6)$
$4 \times (9 - 6) + 12$

1231.【4 6 9 K】
$6 + 9 + 13 - 4$

1232.【4 6 10 10】
4×6 + 10 − 10
(10 − 4)×(10 − 6)
4×10 − 10 − 6

1233.【4 6 10 J】
4×(11 − 10)×6

1234.【4 6 10 Q】
12÷4×10 − 6
6 − 4 + 12 + 10
(10 − 4)×6 − 12

1235.【4 6 10 K】
无解

1236.【4 6 J J】
11 − 4 + 6 + 11
4×(6 + 11 − 11)
11 + 11 − 4 + 6

1237.【4 6 J Q】
4×6×(12 − 11)

1238.【4 6 J K】
无解

1239.【4 6 Q Q】
4×6×12÷12
(4 − 12÷6)×12
(4 + 12 − 12)×6
4×6 + 12 − 12

1240.【4 6 Q K】
4×6×(13 − 12)

1241.【4 6 K K】
4×6 − 13 + 13
4×(6 + 13 − 13)
4 + 13 + 13 − 6

1242.【4 7 7 7】
4×(7 − 7÷7)

1243.【4 7 7 8】
4×(7 + 7 − 8)
(4 − 7÷7)×8

1244.【4 7 7 9】
无解

1245.【4 7 7 10】
无解

1246.【4 7 7 J】
4×7 + 7 − 11
(11 − 7)×7 − 4

1247.【4 7 7 Q】
无解

1248.【4 7 7 K】
无解

1249.【4 7 8 8】
7×8 − 4×8
(4 + 7 − 8)×8
4×(7 − 8÷8)

1250.【4 7 8 9】
$8 \times 9 \div (7 - 4)$
$(4 + 8) \times (9 - 7)$
$4 \times (7 + 8 - 9)$

1251.【4 7 8 10】
$7 \times 8 \div 4 + 10$

1252.【4 7 8 J】
$4 \times (11 - 7) + 8$

1253.【4 7 8 Q】
$7 \times (12 - 8) - 4$
$4 \times 7 + 8 - 12$

1254.【4 7 8 K】
$7 + 8 + 13 - 4$
$(8 - 4) \times (13 - 7)$

1255.【4 7 9 9】
$4 \times (7 - 9 \div 9)$

1256.【4 7 9 10】
$4 \times (7 + 9 - 10)$
$4 + (9 - 7) \times 10$
$4 \times 10 - 9 - 7$

1257.【4 7 9 J】
$(7 - 4) \times 11 - 9$

1258.【4 7 9 Q】
$(4 + 7 - 9) \times 12$
$4 \times 12 \div (9 - 7)$
$7 + 9 + 12 - 4$

1259.【4 7 9 K】
$4 \times 7 + 9 - 13$
$7 \times (13 - 9) - 4$

1260.【4 7 10 10】
$4 \times (7 - 10 \div 10)$

1261.【4 7 10 J】
$11 - 4 + 7 + 10$
$(10 - 4) \times (11 - 7)$
$4 \times (7 + 10 - 11)$

1262.【4 7 10 Q】
$4 \times (10 - 7) + 12$
$(4 + 10) \times 12 \div 7$
$(12 - 4) \times (10 - 7)$

1263.【4 7 10 K】
无解

1264.【4 7 J J】
$4 \times (7 - 11 \div 11)$

1265.【4 7 J Q】
$4 \times (7 + 11 - 12)$

1266.【4 7 J K】
$4 \times 11 - 7 - 13$

1267.【4 7 Q Q】
$(7 - 4) \times 12 - 12$
$4 \times (7 - 12 \div 12)$

$(7 \times 12 + 12) \div 4$

1268.【4 7 Q K】
$4 \times (7 + 12 - 13)$
$(13 - 7 - 4) \times 12$

1269.【4 7 K K】
$4 \times (7 - 13 \div 13)$

1270.【4 8 8 8】
$(8 - 4) \times 8 - 8$
$8 \times 8 \div 4 + 8$
$(4 - 8 \div 8) \times 8$

1271.【4 8 8 9】
$(4 + 8 - 9) \times 8$

1272.【4 8 8 10】
$8 \times 8 - 4 \times 10$
$4 \times 10 - 8 + 8$
$4 \times (8 + 8 - 10)$
$(4 + 8) \times (10 - 8)$

1273.【4 8 8 J】
$(8 + 8 \times 11) \div 4$

1274.【4 8 8 Q】
$12 \times 8 \div (8 - 4)$
$8 + 8 + 12 - 4$
$4 \times (12 - 8) + 8$

1275.【4 8 8 K】
$(8 \times 13 - 8) \div 4$

1276.【4 8 9 9】
$(4 - 9 \div 9) \times 8$

1277.【4 8 9 10】
$(4 + 9 - 10) \times 8$

1278.【4 8 9 J】
$9 - 4 + 11 + 8$
$(4 + 8) \times (11 - 9)$
$4 \times (8 + 9 - 11)$

1279.【4 8 9 Q】
$8 \times 9 - 4 \times 12$
$4 \times 9 \times 8 \div 12$
$(8 - 4) \times 9 - 12$

1280.【4 8 9 K】
$4 \times (13 - 9) + 8$
$8 \div 4 + 13 + 9$

1281.【4 8 10 10】
$8 - 4 + 10 + 10$
$4 + (10 - 8) \times 10$
$(4 - 10 \div 10) \times 8$

1282.【4 8 10 J】
$(4 + 10 - 11) \times 8$

1283.【4 8 10 Q】
$(4 + 8) \times (12 - 10)$
$8 \div 4 + 10 + 12$
$(10 - 4) \times (12 - 8)$

1284.【4 8 10 K】
无解

1285.【4 8 J J】
$8 \div 4 + 11 + 11$
$(4 - 11 \div 11) \times 8$

1286.【4 8 J Q】
$4 \times (11 - 8) + 12$
$(4 + 11 - 12) \times 8$
$4 \times 11 - 12 - 8$
$(12 - 4) \times (11 - 8)$

1287.【4 8 J K】
$4 \times (8 + 11 - 13)$
$(4 + 8) \times (13 - 11)$

1288.【4 8 Q Q】
$(4 + 12) \times 12 \div 8$
$(4 - 12 \div 12) \times 8$

1289.【4 8 Q K】
$(4 + 12 - 13) \times 8$
$12 \div 4 + 8 + 13$

1290.【4 8 K K】
$13 - 8 \div 4 + 13$
$(4 - 13 \div 13) \times 8$

1291.【4 9 9 9】
无解

1292.【4 9 9 10】
$9 + 9 + 10 - 4$

1293.【4 9 9 J】
无解

1294.【4 9 9 Q】
$4 \times (9 + 9 - 12)$

1295.【4 9 9 K】
无解

1296.【4 9 10 10】
无解

1297.【4 9 10 J】
$4 + (11 - 9) \times 10$

1298.【4 9 10 Q】
$12 \times 10 \div (9 - 4)$

1299.【4 9 10 K】
$(10 - 4) \times (13 - 9)$
$4 \times (9 + 10 - 13)$

1300.【4 9 J J】
$4 \times 11 - 9 - 11$

1301.【4 9 J Q】
$(4 + 9 - 11) \times 12$
$4 \times 12 \div (11 - 9)$
$12 \div 4 \times 11 - 9$

1302.【4 9 J K】
无解

1303.【4 9 Q Q】
$12 \div 4 + 9 + 12$

$4 \times (12 - 9) + 12$
$(12 - 4) \times (12 - 9)$

1304.【4 9 Q K】
无解

1305.【4 9 K K】
无解

1306.【4 10 10 10】
无解

1307.【4 10 10 J】
$4 \times 11 - 10 - 10$

1308.【4 10 10 Q】
$4 + (12 - 10) \times 10$

1309.【4 10 10 K】
无解

1310.【4 10 J J】
无解

1311.【4 10 J Q】
$12 \div 4 + 10 + 11$

1312.【4 10 J K】
$4 + 10 \times (13 - 11)$

1313.【4 10 Q Q】
$4 \times 12 \div (12 - 10)$
$12 \times 12 \div (10 - 4)$
$(4 + 10 - 12) \times 12$

1314.【4 10 Q K】
$(12 - 8) \times (13 - 10)$
$4 \times (13 - 10) + 12$

1315.【4 10 K K】
无解

1316.【4 J J J】
无解

1317.【4 J J Q】
无解

1318.【4 J J K】
无解

1319.【4 J Q Q】
无解

1320.【4 J Q K】
$4 \div (13 - 11) \times 12$
$4 \times 12 - 13 - 11$
$(4 + 11 - 13) \times 12$

1321.【4 J K K】
无解

1322.【4 Q Q Q】
$4 \times 12 - 12 - 12$
$12 \div 4 \times 12 - 12$

1323.【4 Q Q K】
无解

1324.【4 Q K K】
无解

1325.【4 K K K】
无解

1326.【5 5 5 5】
5×5 − 5÷5

1327.【5 5 5 6】
5×5 − (6 − 5)
(5 − 5÷5)×6

1328.【5 5 5 7】
无解

1329.【5 5 5 8】
无解

1330.【5 5 5 9】
5 + 5 + 5 + 9

1331.【5 5 5 10】
无解

1332.【5 5 5 J】
无解

1333.【5 5 5 Q】
(5 + 5)×12÷5

1334.【5 5 5 K】
无解

1335.【5 5 6 6】
(5 + 5 − 6)×6
5×5 − 6÷6

1336.【5 5 6 7】
5×7 − 6 − 5
5×5 + 6 − 7

1337.【5 5 6 8】
5 + 5 + 6 + 8

1338.【5 5 6 9】
无解

1339.【5 5 6 10】
无解

1340.【5 5 6 J】
5 + 5×6 − 11
(11 − 5)×5 − 6

1341.【5 5 6 Q】
无解

1342.【5 5 6 K】
无解

1343.【5 5 7 7】
(5 + 7)×(7 − 5)
7×7 − 5×5
5 + 5 + 7 + 7
5×5 − 7÷7

1344.【5 5 7 8】
5×5+7－8
(5＋5－7)×8

1345.【5 5 7 9】
无解

1346.【5 5 7 10】
10÷5×(5＋7)

1347.【5 5 7 J】
(7－11÷5)×5

1348.【5 5 7 Q】
无解

1349.【5 5 7 K】
无解

1350.【5 5 8 8】
5×5－8÷8

1351.【5 5 8 9】
(8－5)×5＋9
5×5－(9－8)

1352.【5 5 8 10】
(5＋10)×8÷5
(5－10÷5)×8

1353.【5 5 8 J】
5×8－11－5

1354.【5 5 8 Q】
(5＋5－8)×12

1355.【5 5 8 K】
(13－5－5)×8
(8－5)×(13－5)

1356.【5 5 9 9】
5×5－9÷9

1357.【5 5 9 10】
5×5－(10－9)

1358.【5 5 9 J】
(11－5)×(9－5)

1359.【5 5 9 Q】
无解

1360.【5 5 9 K】
无解

1361.【5 5 10 10】
5×5－10÷10

1362.【5 5 10 J】
5×5－(11－10)

1363.【5 5 10 Q】
无解

1364.【5 5 10 K】
5÷5＋13＋10

1365.【5 5 J J】
5×5 - 11÷11

1366.【5 5 J Q】
5×5 - (12 - 11)
5÷5 + 11 + 12
5×(12 - 5) - 11

1367.【5 5 J K】
11 + 13 - 5 + 5
(11 + 13) ÷ (5÷5)

1368.【5 5 Q Q】
12 - 5 + 12 + 5
(12 - 5 + 5) × 12
(12 + 12) ÷ (5÷5)

1369.【5 5 Q K】
5×5 - 13 + 12
13 - 5÷5 + 12

1370.【5 5 K K】
5×5 - 13÷13

1371.【5 6 6 6】
(5 - 6÷6) × 6

1372.【5 6 6 7】
(7 - 5) × (6 + 6)
6×6 - 5 - 7
(5 + 6 - 7) × 6

1373.【5 6 6 8】
(8 - 5) × 6 + 6

1374.【5 6 6 9】
9×6 - 5×6
6×9 - 5×6

1375.【5 6 6 10】
(10 - 5) × 6 - 6
(6 + 6) × 10 ÷ 5
(6 - 10÷5) × 6
10÷5 × (6 + 6)

1376.【5 6 6 J】
无解

1377.【5 6 6 Q】
5×12 - 6×6
5×6 - (12 - 6)
5×(12 - 6) - 6

1378.【5 6 6 K】
无解

1379.【5 6 7 7】
(5 - 7÷7) × 6

1380.【5 6 7 8】
6×8÷(7 - 5)
(7 - (8 - 5)) × 6
(5 + 7) × (8 - 6)

1381.【5 6 7 9】
(7 − 5) × 9 + 6

1382.【5 6 7 10】
无解

1383.【5 6 7 J】
无解

1384.【5 6 7 Q】
(7 − 5) × 6 + 12
(5 + 7) ÷ 6 × 12

1385.【5 6 7 K】
5 × 6 − 13 + 7
(7 + 13) ÷ 5 × 6
6 × 7 − 5 − 13
5 × (13 − 7) − 6

1386.【5 6 8 8】
(5 − 8 ÷ 8) × 6
(5 + 6 − 8) × 8

1387.【5 6 8 9】
(5 + 8 − 9) × 6
(6 + 9) ÷ 5 × 8

1388.【5 6 8 10】
5 × 8 − 6 − 10
5 × 6 ÷ 10 × 8
8 ÷ (10 ÷ 5) × 6
(8 − 5) × 10 − 6

1389.【5 6 8 J】
无解

1390.【5 6 8 Q】
6 × 12 ÷ (8 − 5)
(5 − 12 ÷ 6) × 8
6 × (8 + 12) ÷ 5

1391.【5 6 8 K】
(5 + 13) ÷ 6 × 8

1392.【5 6 9 9】
(5 − 9 ÷ 9) × 6
5 × (9 − 6) + 9

1393.【5 6 9 10】
10 ÷ 5 × 9 + 6
(5 + 9 − 10) × 6

1394.【5 6 9 J】
(5 + 11) × 9 ÷ 6
(9 + 11) ÷ 5 × 6

1395.【5 6 9 Q】
(9 − 5) × (12 − 6)
(5 + 6 − 9) × 12

1396.【5 6 9 K】
(13 − 5) × (9 − 6)

1397.【5 6 10 10】
(10 + 10) ÷ 5 × 6
(5 − 10 ÷ 10) × 6

1398.【5 6 10 J】
 (11 − 5) × (10 − 6)
 (5 + 10 − 11) × 6

1399.【5 6 10 Q】
 10 ÷ 5 × 6 + 12

1400.【5 6 10 K】
 6 + 10 + 13 − 5

1401.【5 6 J J】
 (5 − 11 ÷ 11) × 6

1402.【5 6 J Q】
 6 + 12 + 11 − 5
 (11 − 5) × 6 − 12
 (5 + 11 − 12) × 6

1403.【5 6 J K】
 (6 − 5) × (11 + 13)
 5 × (13 − 6) − 11

1404.【5 6 Q Q】
 (6 − 5) × (12 + 12)
 (5 − 12 ÷ 12) × 6

1405.【5 6 Q K】
 (13 − 6 − 5) × 12
 (5 + 12 − 13) × 6
 5 + 12 + 13 − 6

1406.【5 6 K K】
 (5 − 13 ÷ 13) × 6

1407.【5 7 7 7】
 无解

1408.【5 7 7 8】
 无解

1409.【5 7 7 9】
 (5 + 7) × (9 − 7)

1410.【5 7 7 10】
 (7 − 5) × 7 + 10

1411.【5 7 7 J】
 (5 − 11 ÷ 7) × 7

1412.【5 7 7 Q】
 无解

1413.【5 7 7 K】
 无解

1414.【5 7 8 8】
 (7 − 5) × 8 + 8
 (7 + 8) × 8 ÷ 5

1415.【5 7 8 9】
 5 × 8 − 7 − 9
 (5 + 7 − 9) × 8

1416.【5 7 8 10】
 (5 + 7) × (10 − 8)

1417.【5 7 8 J】
 无解

1418.【5 7 8 Q】
无解

1419.【5 7 8 K】
无解

1420.【5 7 9 9】
无解

1421.【5 7 9 10】
$5 \times (10 - 7) + 9$

1422.【5 7 9 J】
$(5 + 7) \times (11 - 9)$

1423.【5 7 9 Q】
$(5 + 9) \div 7 \times 12$

1424.【5 7 9 K】
$7 + 9 + 13 - 5$
$(9 - 5) \times (13 - 7)$

1425.【5 7 10 10】
$10 \div 5 \times 7 + 10$

1426.【5 7 10 J】
$(10 - 5) \times 7 - 11$

1427.【5 7 10 Q】
$(5 + 7) \times (12 - 10)$
$7 + 12 + 10 - 5$
$(5 + 7 - 10) \times 12$

1428.【5 7 10 K】
$(13 - 5) \times (10 - 7)$

1429.【5 7 J J】
$(11 - 5) \times (11 - 7)$
$7 + 11 + 11 - 5$

1430.【5 7 J Q】
无解

1431.【5 7 J K】
$(5 + 7) \times (13 - 11)$

1432.【5 7 Q Q】
$7 \times 12 - 5 \times 12$

1433.【5 7 Q K】
无解

1434.【5 7 K K】
$5 + 13 + 13 - 7$

1435.【5 8 8 8】
$8 \times 8 - 5 \times 8$
$5 \times 8 - 8 - 8$

1436.【5 8 8 9】
$8 \times 9 \div (8 - 5)$
$(9 - 5) \times 8 - 8$

1437.【5 8 8 10】
$8 \times 10 \div 5 + 8$
$(5 + 8 - 10) \times 8$

1438.【5 8 8 J】
无解

1439.【5 8 8 Q】
无解

1440.【5 8 8 K】
8 + 8 + 13 − 5

1441.【5 8 9 9】
无解

1442.【5 8 9 10】
无解

1443.【5 8 9 J】
(5 + 9 − 11) × 8
(8 − 5) × 11 − 9
5 × (11 − 8) + 9

1444.【5 8 9 Q】
8 ÷ (9 − 5) × 12
8 + 9 + 12 − 5

1445.【5 8 9 K】
5 × 9 − 8 − 13

1446.【5 8 10 10】
无解

1447.【5 8 10 J】
8 + 10 + 11 − 5

1448.【5 8 10 Q】
(5 + 10 − 12) × 8

1449.【5 8 10 K】
无解

1450.【5 8 J J】
无解

1451.【5 8 J Q】
(5 + 11) ÷ 8 × 12
(5 + 8 − 11) × 12
(11 − 5) × (12 − 8)

1452.【5 8 J K】
(5 + 11 − 13) × 8
(13 − 5) × (11 − 8)

1453.【5 8 Q Q】
(8 − 5) × 12 − 12

1454.【5 8 Q K】
无解

1455.【5 8 K K】
无解

1456.【5 9 9 9】
无解

1457.【5 9 9 10】
无解

1458.【5 9 9 J】
9 + 9 + 11 − 5

1459.【5 9 9 Q】
5 × (12 − 9) + 9

5 × 9 - 9 - 12
(9 - 5) × 9 - 12

1460.【5 9 9 K】
无解

1461.【5 9 10 10】
9 + 10 + 10 - 5

1462.【5 9 10 J】
5 × 9 - 10 - 11

1463.【5 9 10 Q】
无解

1464.【5 9 10 K】
5 × (13 - 10) + 9
10 ÷ 5 + 13 + 9

1465.【5 9 J J】
无解

1466.【5 9 J Q】
无解

1467.【5 9 J K】
(11 - 5) × (13 - 9)

1468.【5 9 Q Q】
(5 + 9 - 12) × 12
(9 × 12 + 12) ÷ 5

1469.【5 9 Q K】
(13 - 5) × (12 - 9)
(5 + 13) × 12 ÷ 9

1470.【5 9 K K】
无解

1471.【5 10 10 10】
无解

1472.【5 10 10 J】
(10 × 11 + 10) ÷ 5

1473.【5 10 10 Q】
10 ÷ 5 + 10 + 12
12 × 10 ÷ (10 - 5)

1474.【5 10 10 K】
(10 × 13 - 10) ÷ 5

1475.【5 10 J J】
10 ÷ 5 + 11 + 11

1476.【5 10 J Q】
无解

1477.【5 10 J K】
无解

1478.【5 10 Q Q】
无解

1479.【5 10 Q K】
(5 + 10 - 13) × 12

1480.【5 10 K K】
13 + 13 - 10 ÷ 5
(13 - 5) × (13 - 10)
13 - 10 ÷ 5 + 13
5 × 10 - 13 - 13

1481.【5 J J J】
无解

1482.【5 J J Q】
无解

1483.【5 J J K】
无解

1484.【5 J Q Q】
$12 \times 12 \div (11 - 5)$
$(11 \times 12 - 12) \div 5$

1485.【5 J Q K】
无解

1486.【5 J K K】
无解

1487.【5 Q Q Q】
无解

1488.【5 Q Q K】
无解

1489.【5 Q K K】
无解

1490.【5 K K K】
无解

1491.【6 6 6 6】
$6 \times 6 - 6 - 6$
$6 + 6 + 6 + 6$

1492.【6 6 6 7】
无解

1493.【6 6 6 8】
$6 \times (6 + 6 - 8)$
$(8 - 6) \times (6 + 6)$

1494.【6 6 6 9】
$(9 - 6) \times 6 + 6$
$6 \times 6 \times 6 \div 9$

1495.【6 6 6 10】
$10 \times 6 - 6 \times 6$

1496.【6 6 6 J】
$(11 - 6) \times 6 - 6$

1497.【6 6 6 Q】
$(6 + 6) \times 12 \div 6$
$6 \times (6 - 12 \div 6)$

1498.【6 6 6 K】
无解

1499.【6 6 7 7】
无解

1500.【6 6 7 8】
无解

1501.【6 6 7 9】
$6 \times (6 + 7 - 9)$
$(6 + 6) \times (9 - 7)$

1502.【6 6 7 10】
6 + 6 × (10 − 7)

1503.【6 6 7 J】
6 × 11 − 6 × 7

1504.【6 6 7 Q】
6 × 7 − 6 − 12

1505.【6 6 7 K】
无解

1506.【6 6 8 8】
6 × 8 ÷ (8 − 6)

1507.【6 6 8 9】
6 + (8 − 6) × 9
(6 + 6 − 9) × 8

1508.【6 6 8 10】
6 × (6 + 8 − 10)
(6 + 6) × (10 − 8)

1509.【6 6 8 J】
6 × (11 − 8) + 6

1510.【6 6 8 Q】
6 ÷ (12 ÷ 6) × 8
6 × 12 − 6 × 8
(6 + 12) ÷ 6 × 8
6 × (8 − 6) + 12

1511.【6 6 8 K】
6 × (13 − 8) − 6

1512.【6 6 9 9】
无解

1513.【6 6 9 10】
(9 − 6) × 10 − 6
(6 + 10) × 9 ÷ 6

1514.【6 6 9 J】
(6 + 6) × (11 − 9)
(6 + 9 − 11) × 6

1515.【6 6 9 Q】
6 × 12 ÷ (9 − 6)
6 + 12 ÷ 6 × 9
6 + 6 × (12 − 9)

1516.【6 6 9 K】
6 × 13 − 6 × 9

1517.【6 6 10 10】
无解

1518.【6 6 10 J】
无解

1519.【6 6 10 Q】
(10 − 6) × (12 − 6)
(6 + 6 − 10) × 12
(6 + 10 − 12) × 6
(6 + 6) × (12 − 10)

1520.【6 6 10 K】
6 ÷ 6 + 13 + 10
6 + 6 × (13 − 10)

1521.【6 6 J J】
无解

1522.【6 6 J Q】
6÷6 + 11 + 12

1523.【6 6 J K】
11 + 13 − 6 + 6
(6 + 11 − 13) × 6
(6 + 6) × (13 − 11)

1524.【6 6 Q Q】
6 + 12 + 12 − 6
(12 + 12) ÷ 6 × 6

1525.【6 6 Q K】
12 + 13 − 6 ÷ 6

1526.【6 6 K K】
无解

1527.【6 7 7 7】
无解

1528.【6 7 7 8】
无解

1529.【6 7 7 9】
无解

1530.【6 7 7 10】
6 × (7 + 7 − 10)

1531.【6 7 7 J】
6 × 7 − 11 − 7

1532.【6 7 7 Q】
无解

1533.【6 7 7 K】
无解

1534.【6 7 8 8】
无解

1535.【6 7 8 9】
6 × 8 ÷ (9 − 7)

1536.【6 7 8 10】
6 × 7 − 10 − 8
(6 + 7 − 10) × 8

1537.【6 7 8 J】
(7 + 11) × 8 ÷ 6
6 × (7 + 8 − 11)

1538.【6 7 8 Q】
(6 + 8) ÷ 7 × 12

1539.【6 7 8 K】
无解

1540.【6 7 9 9】
6 × 7 − 9 − 9
(7 + 9) × 9 ÷ 6
6 + (9 − 7) × 9

1541.【6 7 9 10】
无解

1542. 【6 7 9 J】
无解

1543. 【6 7 9 Q】
6 × (7 + 9 − 12)

1544. 【6 7 9 K】
无解

1545. 【6 7 10 10】
(10 − 7) × 10 − 6

1546. 【6 7 10 J】
无解

1547. 【6 7 10 Q】
7 × 12 − 6 × 10
6 × 12 ÷ (10 − 7)

1548. 【6 7 10 K】
7 + 10 + 13 − 6
6 × (7 + 10 − 13)
(10 − 6) × (13 − 7)

1549. 【6 7 J J】
(11 − 6) × 7 − 11

1550. 【6 7 J Q】
(12 − 6) × (11 − 7)
7 + 11 + 12 − 6
(6 + 7 − 11) × 12

1551. 【6 7 J K】
(7 − 6) × 11 + 13

(7 − 6) × (13 + 11)

1552. 【6 7 Q Q】
(7 − 6) × (12 + 12)
(7 − 6) × 12 + 12

1553. 【6 7 Q K】
12 + 13 − (7 − 6)

1554. 【6 7 K K】
无解

1555. 【6 8 8 8】
(8 − 6) × 8 + 8

1556. 【6 8 8 9】
9 × 8 − 6 × 8
8 × 9 − 6 × 8
(8 + 8) × 9 ÷ 6

1557. 【6 8 8 10】
6 × 8 ÷ (10 − 8)
8 × (8 + 10) ÷ 6
(10 − 6) × 8 − 8

1558. 【6 8 8 J】
(6 + 8 − 11) × 8

1559. 【6 8 8 Q】
6 × (8 + 8 − 12)
12 ÷ 6 × 8 + 8

1560. 【6 8 8 K】
无解

1561.【6 8 9 9】
 (9 + 9) ÷ 6 × 8
 9 ÷ (9 − 6) × 8

1562.【6 8 9 10】
 6 + (10 − 8) × 9

1563.【6 8 9 J】
 6 ÷ (11 − 9) × 8
 6 × 8 ÷ (11 − 9)

1564.【6 8 9 Q】
 8 × 9 ÷ 6 + 12
 (6 + 9 − 12) × 8

1565.【6 8 9 K】
 6 × (8 + 9 − 13)
 8 + 9 + 13 − 6

1566.【6 8 10 10】
 无解

1567.【6 8 10 J】
 (11 − 8) × 10 − 6

1568.【6 8 10 Q】
 6 ÷ (12 − 10) × 8
 12 − 6 + 8 + 10
 8 ÷ (10 − 6) × 12
 (6 + 10) × 12 ÷ 8

1569.【6 8 10 K】
 (6 + 10 − 13) × 8

1570.【6 8 J J】
 8 + 11 + 11 − 6

1571.【6 8 J Q】
 6 ÷ (11 − 8) × 12

1572.【6 8 J K】
 6 ÷ (13 − 11) × 8
 6 × 8 − 11 − 13

1573.【6 8 Q Q】
 (6 + 8 − 12) × 12
 6 × 8 − 12 − 12
 6 + 12 × 12 ÷ 8
 (12 − 6) × (12 − 8)

1574.【6 8 Q K】
 无解

1575.【6 8 K K】
 6 + 13 + 13 − 8

1576.【6 9 9 9】
 无解

1577.【6 9 9 10】
 9 × 10 ÷ 6 + 9

1578.【6 9 9 J】
 (9 − 6) × 11 − 9
 6 + (11 − 9) × 9

1579.【6 9 9 Q】
 9 + 9 + 12 − 6

1580.【6 9 9 K】
无解

1581.【6 9 10 10】
无解

1582.【6 9 10 J】
9 + 10 + 11 − 6

1583.【6 9 10 Q】
(10 − 6) × 9 − 12
6 + 9 × (12 − 10)
(12 − 9) × 10 − 6

1584.【6 9 10 K】
无解

1585.【6 9 J J】
无解

1586.【6 9 J Q】
6 × (11 − 9) + 12

1587.【6 9 J K】
6 + 9 × (13 − 11)

1588.【6 9 Q Q】
6 × 12 ÷ (12 − 9)
(9 − 6) × 12 − 12
(6 + 12) ÷ 9 × 12

1589.【6 9 Q K】
12 ÷ 6 + 9 + 13
(6 + 9 − 13) × 12

(12 − 6) × (13 − 9)

1590.【6 9 K K】
无解

1591.【6 10 10 10】
10 + 10 + 10 − 6

1592.【6 10 10 J】
无解

1593.【6 10 10 Q】
无解

1594.【6 10 10 K】
10 × (13 − 10) − 6

1595.【6 10 J J】
无解

1596.【6 10 J Q】
10 × 12 ÷ (11 − 6)

1597.【6 10 J K】
无解

1598.【6 10 Q Q】
12 ÷ 6 + 12 + 10
6 × (12 − 10) + 12

1599.【6 10 Q K】
6 ÷ (13 − 10) × 12

1600.【6 10 K K】
无解

1601.【6 J J J】
无解

1602.【6 J J Q】
12 ÷ 6 + 11 + 11

1603.【6 J J K】
无解

1604.【6 J Q Q】
(11 × 12 + 12) ÷ 6

1605.【6 J Q K】
6 × (13 − 11) + 12

1606.【6 J K K】
无解

1607.【6 Q Q Q】
12 ÷ (12 − 6) × 12

1608.【6 Q Q K】
(12 × 13 − 12) ÷ 6

1609.【6 Q K K】
13 − 12 ÷ 6 + 13

1610.【6 K K K】
无解

1611.【7 7 7 7】
无解

1612.【7 7 7 8】
无解

1613.【7 7 7 9】
无解

1614.【7 7 7 10】
无解

1615.【7 7 7 J】
无解

1616.【7 7 7 Q】
(7 + 7) ÷ 7 × 12

1617.【7 7 7 K】
无解

1618.【7 7 8 8】
无解

1619.【7 7 8 9】
无解

1620.【7 7 8 10】
无解

1621.【7 7 8 J】
(7 + 7 − 11) × 8

1622.【7 7 8 Q】
无解

1623.【7 7 8 K】
无解

1624.【7 7 9 9】
无解

1625. 【7 7 9 10】
(9 − 7) × 7 + 10

1626. 【7 7 9 J】
无解

1627. 【7 7 9 Q】
无解

1628. 【7 7 9 K】
无解

1629. 【7 7 10 10】
无解

1630. 【7 7 10 J】
无解

1631. 【7 7 10 Q】
无解

1632. 【7 7 10 K】
7 ÷ 7 + 10 + 13

1633. 【7 7 J J】
无解

1634. 【7 7 J Q】
7 × (12 − 7) − 11
7 ÷ 7 + 11 + 12

1635. 【7 7 J K】
(13 − 7) × (11 − 7)
7 × 11 ÷ 7 + 13

(11 + 13) ÷ (7 ÷ 7)

1636. 【7 7 Q Q】
(7 + 7 − 12) × 12
7 × 12 ÷ 7 + 12
7 + 12 + 12 − 7

1637. 【7 7 Q K】
7 × 7 − 12 − 13
12 − 7 ÷ 7 + 13

1638. 【7 7 K K】
无解

1639. 【7 8 8 8】
无解

1640. 【7 8 8 9】
(9 − 7) × 8 + 8

1641. 【7 8 8 10】
10 × 8 − 7 × 8

1642. 【7 8 8 J】
(11 − 7) × 8 − 8

1643. 【7 8 8 Q】
(7 + 8 − 12) × 8

1644. 【7 8 8 K】
(8 + 13) ÷ 7 × 8

1645. 【7 8 9 9】
无解

1646.【7 8 9 10】
9÷(10 − 7)×8

1647.【7 8 9 J】
无解

1648.【7 8 9 Q】
(9 + 12)÷7×8
(7 + 9)÷8×12

1649.【7 8 9 K】
(7 + 9 − 13)×8

1650.【7 8 10 10】
7×(10 − 8) + 10

1651.【7 8 10 J】
8×(10 + 11)÷7

1652.【7 8 10 Q】
无解

1653.【7 8 10 K】
8 + 10 + 13 − 7

1654.【7 8 J J】
无解

1655.【7 8 J Q】
8÷(11 − 7)×12
8 + 11 + 12 − 7

1656.【7 8 J K】
(8 − 7)×(11 + 13)
7×(13 − 8) − 11

1657.【7 8 Q Q】
(8 − 7)×(12 + 12)
(8 − 7)×12 + 12
(12 + 12)÷(8 − 7)

1658.【7 8 Q K】
7 + 12 + 13 − 8
(7 + 8 − 13)×12
(13 − 7)×(12 − 8)

1659.【7 8 K K】
无解

1660.【7 9 9 9】
无解

1661.【7 9 9 10】
无解

1662.【7 9 9 J】
无解

1663.【7 9 9 Q】
无解

1664.【7 9 9 K】
9 + 9 + 13 − 7

1665.【7 9 10 10】
无解

1666.【7 9 10 J】
7×(11 − 9) + 10
(10 − 7)×11 − 9

1667.【7 9 10 Q】
9 + 10 + 12 − 7

1668.【7 9 10 K】
无解

1669.【7 9 J J】
9 + 11 + 11 − 7

1670.【7 9 J Q】
(11 − 7) × 9 − 12
(7 + 11) ÷ 9 × 12

1671.【7 9 J K】
无解

1672.【7 9 Q Q】
9 × 12 − 7 × 12

1673.【7 9 Q K】
无解

1674.【7 9 K K】
7 + 13 − 9 + 13
(13 − 7) × (13 − 9)

1675.【7 10 10 10】
无解

1676.【7 10 10 J】
10 + 10 + 11 − 7

1677.【7 10 10 Q】
7 × (12 − 10) + 10

1678.【7 10 10 K】
无解

1679.【7 10 J J】
无解

1680.【7 10 J Q】
无解

1681.【7 10 J K】
7 × (13 − 11) + 10

1682.【7 10 Q Q】
(10 − 7) × 12 − 12
10 × 12 ÷ (12 − 7)

1683.【7 10 Q K】
(7 + 13) × 12 ÷ 10

1684.【7 10 K K】
无解

1685.【7 J J J】
无解

1686.【7 J J Q】
无解

1687.【7 J J K】
无解

1688.【7 J Q Q】
无解

1689. 【7 J Q K】
无解

1690. 【7 J K K】
无解

1691. 【7 Q Q Q】
无解

1692. 【7 Q Q K】
12 × 12 ÷ (13 − 7)
(12 + 12 × 13) ÷ 7

1693. 【7 Q K K】
无解

1694. 【7 K K K】
无解

1695. 【8 8 8 8】
无解

1696. 【8 8 8 9】
无解

1697. 【8 8 8 10】
8 + (10 − 8) × 8

1698. 【8 8 8 J】
8 × 11 − 8 × 8

1699. 【8 8 8 Q】
8 × (12 − 8) − 8
(8 + 8) ÷ 8 × 12

1700. 【8 8 8 K】
8 × (8 + 8 − 13)

1701. 【8 8 9 9】
无解

1702. 【8 8 9 10】
无解

1703. 【8 8 9 J】
8 + 8 × (11 − 9)
9 ÷ (11 − 8) × 8

1704. 【8 8 9 Q】
8 × 12 − 8 × 9

1705. 【8 8 9 K】
8 × (13 − 9) − 8

1706. 【8 8 10 10】
无解

1707. 【8 8 10 J】
无解

1708. 【8 8 10 Q】
8 × (12 − 10) + 8

1709. 【8 8 10 K】
8 × 13 − 8 × 10
8 ÷ 8 + 10 + 13

1710. 【8 8 J J】
无解

1711.【8 8 J Q】
8 ÷ 8 + 11 + 12

1712.【8 8 J K】
(11 + 13) ÷ 8 × 8
8 − 8 + 13 + 11
8 × (13 − 11) + 8

1713.【8 8 Q Q】
8 × 12 ÷ (12 − 8)
12 − 8 + 12 + 8

1714.【8 8 Q K】
13 + 12 − 8 ÷ 8

1715.【8 8 K K】
无解

1716.【8 9 9 9】
无解

1717.【8 9 9 10】
无解

1718.【8 9 9 J】
无解

1719.【8 9 9 Q】
8 × 9 ÷ (12 − 9)

1720.【8 9 9 K】
无解

1721.【8 9 10 10】
无解

1722.【8 9 10 J】
无解

1723.【8 9 10 Q】
10 × 12 ÷ 8 + 9
(8 + 10) ÷ 9 × 12

1724.【8 9 10 K】
9 + 10 + 13 − 8
8 × 9 ÷ (13 − 10)

1725.【8 9 J J】
(11 − 8) × 11 − 9

1726.【8 9 J Q】
9 + 11 + 12 − 8

1727.【8 9 J K】
(11 + 13) ÷ (9 − 8)

1728.【8 9 Q Q】
(12 − 8) × 9 − 12
(9 − 8) × 12 + 12
(9 − 8) × (12 + 12)
8 + 12 × 12 ÷ 9

1729.【8 9 Q K】
8 + 12 + 13 − 9
8 × 12 ÷ (13 − 9)

1730.【8 9 K K】
无解

1731.【8 10 10 10】
无解

1732.【8 10 10 J】
无解

1733.【8 10 10 Q】
10 + 10 + 12 − 8

1734.【8 10 10 K】
无解

1735.【8 10 J J】
10 + 11 + 11 − 8

1736.【8 10 J Q】
无解

1737.【8 10 J K】
无解

1738.【8 10 Q Q】
(8 + 12) × 12 ÷ 10
10 × 12 − 8 × 12

1739.【8 10 Q K】
10 ÷ (13 − 8) × 12

1740.【8 10 K K】
8 + 13 + 13 − 10

1741.【8 J J J】
无解

1742.【8 J J Q】
无解

1743.【8 J J K】
无解

1744.【8 J Q Q】
(11 − 8) × 12 − 12

1745.【8 J Q K】
无解

1746.【8 J K K】
无解

1747.【8 Q Q Q】
无解

1748.【8 Q Q K】
无解

1749.【8 Q K K】
无解

1750.【8 K K K】
无解

1751.【9 9 9 9】
无解

1752.【9 9 9 10】
无解

1753.【9 9 9 J】
无解

1754.【9 9 9 Q】
(9 + 9) ÷ 9 × 12

1755.【9 9 9 K】
无解

1756.【9 9 10 10】
无解

1757.【9 9 10 J】
无解

1758.【9 9 10 Q】
无解

1759.【9 9 10 K】
9 ÷ 9 + 10 + 13

1760.【9 9 J J】
无解

1761.【9 9 J Q】
(12 − 9) × 11 − 9
9 ÷ 9 + 11 + 12

1762.【9 9 J K】
11 + 13 − 9 + 9
(13 + 11) ÷ (9 ÷ 9)

1763.【9 9 Q Q】
(12 + 12) ÷ (9 ÷ 9)
12 + 12 − 9 + 9

1764.【9 9 Q K】
13 + 12 − 9 ÷ 9
(13 − 9) × 9 − 12

1765.【9 9 K K】
无解

1766.【9 10 10 10】
无解

1767.【9 10 10 J】
无解

1768.【9 10 10 Q】
无解

1769.【9 10 10 K】
10 + 10 + 13 − 9

1770.【9 10 J J】
无解

1771.【9 10 J Q】
(9 + 11) × 12 ÷ 10
10 + 11 + 12 − 9

1772.【9 10 J K】
11 ÷ (10 − 9) + 13
(10 − 9) × (11 + 13)
(13 − 10) × 11 − 9

1773.【9 10 Q Q】
(10 − 9) × 12 + 12

1774.【9 10 Q K】
12 + 13 − (10 − 9)

1775.【9 10 K K】
无解

1776.【9 J J J】
11 + 11 + 11 − 9

1777.【9 J J Q】
无解

1778.【9 J J K】
无解

1779.【9 J Q Q】
11 × 12 − 9 × 12

1780.【9 J Q K】
(9 + 13) × 12 ÷ 11

1781.【9 J K K】
9 + 13 + 13 − 11

1782.【9 Q Q Q】
(12 − 9) × 12 − 12

1783.【9 Q Q K】
无解

1784.【9 Q K K】
无解

1785.【9 K K K】
无解

1786.【10 10 10 10】
无解

1787.【10 10 10 J】
无解

1788.【10 10 10 Q】
(10 + 10) × 12 ÷ 10

1789.【10 10 10 K】
10 ÷ 10 + 13 + 10

1790.【10 10 J J】
无解

1791.【10 10 J Q】
10 ÷ 10 + 11 + 12

1792.【10 10 J K】
(11 + 13) ÷ (10 ÷ 10)
11 + 13 − 10 + 10

1793.【10 10 Q Q】
10 ÷ 10 × 12 + 12
12 + 12 − 10 + 10

1794.【10 10 Q K】
12 + 13 − 10 ÷ 10

1795.【10 10 K K】
无解

1796.【10 J J J】
无解

1797.【10 J J Q】
11 + 12 + 11 − 10

1798.【10 J J K】
10 + 13 + 11 ÷ 11
(11 − 10) × 11 + 13
11 ÷ (11 − 10) + 13

1799.【10 J Q Q】
(10 + 12) ÷ 11 × 12
12 ÷ (11 − 10) + 12
(11 − 10) × 12 + 12

1800.【10 J Q K】
10 + 12 + 13 − 11

1801.【10 J K K】
无解

1802.【10 Q Q Q】
12 × 12 − 10 × 12

1803.【10 Q Q K】
(13 − 10) × 12 − 12
10 + 13 + 12 ÷ 12

1804.【10 Q K K】
10 + 13 + 13 − 12

1805.【10 K K K】
10 + 13 + 13 ÷ 13

1806.【J J J J】
无解

1807.【J J J Q】
(11 + 11) × 12 ÷ 11

11 ÷ 11 + 12 + 11

1808.【J J J K】
11 + 13 ÷ (11 ÷ 11)
13 − 11 + 11 + 11

1809.【J J Q Q】
12 ÷ (11 ÷ 11) + 12
11 − 11 + 12 + 12

1810.【J J Q K】
12 + 13 − 11 ÷ 11
(12 − 11) × 11 + 13
13 ÷ (12 − 11) + 11

1811.【J J K K】
无解

1812.【J Q Q Q】
11 + 12 ÷ 12 + 12
12 ÷ (12 − 11) + 12
(12 − 11) × 12 + 12

1813.【J Q Q K】
13 − (12 − 11) + 12
11 + 13 + 12 − 12
11 + 13 ÷ (12 ÷ 12)

1814.【J Q K K】
11 + (13 − 12) × 13
11 + 13 ÷ 13 + 12

1815.【J K K K】
11 + 13 ÷ (13 ÷ 13)

11 + 13 − 13 + 13

1816.【Q Q Q Q】
12 + 12 − 12 + 12
12 + 12 ÷ (12 ÷ 12)

1817.【Q Q Q K】
(13 − 12) × 12 + 12
12 + 12 ÷ (13 − 12)
12 + 13 − 12 ÷ 12

1818.【Q Q K K】
(12 + 12) × 13 ÷ 13
12 + 12 + 13 − 13

1819.【Q K K K】
12 + 13 − 13 ÷ 13
12 × (13 + 13) ÷ 13

1820.【K K K K】
无解